Praktische Kurzgrammatik der ukrainischen Sprache

Svetlana Amir-Babenko | Franz Pfliegl

Praktische Kurzgrammatik der ukrainischen Sprache

BUSKE

Bibliografische Information der Deutschen Nationalbibliothek
Die Deutsche Nationalbibliothek verzeichnet diese Publikation in der Deutschen Nationalbibliografie; detaillierte bibliografische Daten sind im Internet über ‹https://portal.dnb.de› abrufbar.

ISBN (Print): 978-3-87548-371-0
ISBN (eBook-PDF): 978-3-96769-260-0

Unveränderter Nachdruck der 1. Auflage 2005

 Umschlaggestaltung: QART Büro für Gestaltung, Hamburg. Satz: Jens-Sören Mann. Druck und Bindung: Printing House MultiPrint, Krostinbrod. Printed in Bulgaria.

Kontaktadresse nach EU-Produktsicherheitsverordnung:
Helmut Buske Verlag GmbH
Richardstraße 47
22081 Hamburg
info@ buske.de

Inhalt

Vorwort

Mit diesem Buch liegt die erste in deutscher Sprache verfasste Kurzgrammatik des Ukrainischen vor. Sie berücksichtigt praktische Belange unterschiedlicher Zielgruppen.

Primär ist die *Praktische Kurzgrammatik* für Fremdsprachenlernende des Ukrainischen gedacht, die eine sinnvolle Ergänzung zu den verschiedenen im Handel erhältlichen Lehrbüchern suchen. Die Verfasser waren bestrebt eine Grammatik vorzulegen, die sowohl im Sprachunterricht an unterschiedlichen Institutionen (Universitäten, Volkshochschulen etc.) Verwendung finden kann als auch für das Selbststudium geeignet ist. Zudem wurde bei der Abfassung an Slawisten, wissenschaftlich und linguistisch Interessierte sowie Historiker gedacht, die einen mehr oder weniger fundierten Eindruck vom Ukrainischen bekommen möchten. Als Grundlage für eine wissenschaftliche Beschäftigung mit dem Ukrainischen etwa im Rahmen eines Proseminars an einer Hochschule ist der Band ebenfalls geeignet. Alle grammatischen Aspekte der ukrainischen Literatursprache werden wenigstens kurz gewürdigt und ihrer Bedeutung entsprechend erläutert.

Nach dem ersten Kapitel, der *Einleitung,* in dem grundlegende Informationen zum Ukrainischen gegeben werden (Alphabet, Wortbestandteile, Wortarten etc.), folgt im zweiten Kapitel die Darstellung der *Phonetik.* Hierbei wird der Praktikabilität Vorrang eingeräumt. Auf Nennung und Erläuterung des Phonembegriffs wird bewusst verzichtet.

Danach folgt mit dem dritten Kapitel *Morphologie* der vielleicht wichtigste, mit Sicherheit jedoch umfangreichste Teil dieser Grammatik. In ihm werden alle zehn Wortarten übersichtlich dargestellt, wobei jede Erklärung anhand von Beispielen veranschaulicht wird.

Das vierte Kapitel ist der *Wortbildung* gewidmet. Es versteht sich als Ergänzung und gewissermaßen auch als Abrundung des vorigen und stellt die morphologisch produktivsten Mittel vor.

Im fünften Kapitel wird die *Syntax* behandelt. Hier werden die wichtigsten einfachen und zusammengesetzten Sätze, ein- und zweigliedrigen Satztypen und die verschiedenen Arten von Nebensätzen des Ukrainischen vorgestellt. Das Kapitel ist absichtlich relativ knapp gehalten, da gerade die Beschäftigung mit der Syntax ein weites Feld bietet und eine genauere Betrachtung der Materie den Umfang schnell sprengen würde.

Nach dem Abschluss der hier etwas weitergeführten, klassischen linguistischen Dreiteilung (Phonetik, Morphologie, Syntax), stehen im sechsten Kapitel die *Um-*

stände einer Handlung im Vordergrund. Damit sind Informationen für den praktischen Gebrauch gemeint, die relativ häufig vorkommen, wie beispielsweise die Angabe des Datums, des Alters, der Uhrzeit, des Ortes.

Danach folgt der *erste Anhang*, der *einige Schreibregeln* zur Differenzierung der beiden »i-Laute« enthält sowie Regeln zur Klassifikation der Flexionsendungen im Genitiv Singular der o-Deklination (2. Deklination). Da hiermit ein äußerst wichtiger Punkt der ukrainischen Grammatik zur Darstellung kommt, wird er in entsprechend umfangreicher Art und Weise behandelt.

Es folgt der *zweite Anhang*, der die *linguistische Terminologie* des Ukrainischen mit ihren deutschen Entsprechungen auflistet. Dies soll dem Leser eine Weiterbeschäftigung mit dieser Materie ermöglichen und die Lektüre linguistischer Originaltexte in ukrainischer Sprache erleichtern.

Abschließend möchten wir unseren Familien, Freunden und Kollegen für die Unterstützung bei der Arbeit an diesem Buch herzlich danken.

Insbesondere gilt unser Dank dem *Institut für Slawistik der Universität Wien*, an dem das Ukrainische schon seit geraumer Zeit einen ihm gebührenden Stellenwert einnimmt und ohne dessen wissenschaftliches Angebot und der dort existierenden Bildungsmöglichkeiten das Verfassen dieser Grammatik nicht möglich gewesen wäre. Persönlich bedanken wir uns bei Frau Prof. J. Besters-Dilger, deren großes Verdienst es ist, das Ukrainische als eigenständige Studienrichtung an der Universität Wien etabliert zu haben und die auch die ständige Weiterentwicklung der Ukrainistik mit großem Enthusiasmus fördert.

Unseren Studierenden danken wir sehr herzlich für konstruktive Vorschläge und kontroverse Diskussionen.

Nicht zuletzt soll der Verlag hier Erwähnung finden, der unser Vorhaben von Anfang an unterstützte und dem wir für die ausgesprochen gute Zusammenarbeit dankbar sind.

Viel Freude bei der Beschäftigung mit der Grammatik des Ukrainischen wünschen Ihnen die Verfasser.

Wien, im Januar 2005 *Svetlana Amir-Babenko / Franz Pfliegl*

1. Einleitung

1.1 Das Alphabet

Das ukrainische Alphabet umfasst 33 Grapheme (Buchstaben) und ein Zeichen (der Apostroph).

Buchstabe	Umschrift	Buchstabe	Umschrift
А а	a	**О о**	o
Б б	b	**П п**	p
В в	v	**Р р**	r
Г г	h	**С с**	s
Ґ ґ	g	**Т т**	t
Д д	d	**У у**	u
Е е	e	**Ф ф**	f
Є є	je	**Х х**	ch
Ж ж	ž (stimmhaft)	**Ц ц**	c (wie dt. Ziel)
З з	z (stimmhaftes s)	**Ч ч**	č
И и	y	**Ш ш**	š
І і	i	**Щ щ**	šč
Ї ї	ji	**(Ь) ь**	weiches Zeichen
Й й	j		
К к	k		
Л л	l	**’**	Apostroph
М м	m	**Ю ю**	ju
Н н	n	**Я я**	ja

Das kyrillische Alphabet, das im Ukrainischen benutzt wird, unterscheidet sich von denjenigen des Russischen, Serbischen und anderer slawischer Sprachen in einigen Graphemen.

1.2 Die Wortarten

Im Ukrainischen gibt es zehn Wortarten. Diese werden in *flektierte* (es existieren unterschiedliche Formen eines Lexems) und *nicht flektierte* (es existiert nur eine unveränderliche Form) unterschieden:

a) flektierte Wortarten:

① Substantiv
буди́нок *Gebäude* | не́бо *Himmel* | шко́ла *Schule*

② Adjektiv
до́брий день *guten (Tag)* | **га́рна** пого́да *schönes (Wetter)* | **широ́ке** по́ле *breites (Feld)*

③ Zahlwort (Numerale)
три *drei* | двоє́ *zwei* | четве́ртий *der vierte*

④ Pronomen
я *ich* | ти *du* | цей *dieser*

⑤ Verb
гра́ти *spielen* | писа́ти *schreiben*

b) nicht flektierte Wortarten:

⑥ Adverb
ве́село *lustig* | по-украї́нському *ukrainisch*

⑦ Konjunktion
але́ *aber* | та, й *und*

⑧ Präposition
з *mit* | над *über* | між *zwischen* | до *bis* | від *von* | про *über*

⑨ Partikel
чи, не, не́будь, хай, бо

⑩ Interjektion
ого́, ну, ой, го́ді

Die einzelnen Wortarten werden im 3. Teil (Morphologie) ausführlich dargestellt.

1.3 Die Wortbestandteile

Jedes Wort, das einer flektierten Wortart angehört, kann in Einzelbestandteile zerlegt werden.

① Die **Endung** (Flexionsendung) ist der Teil, der in jeder Form verändert wird. Sie drückt das Verhältnis dieses Wortes zu den anderen Wörtern im Satz aus (z. B. кни́жк-**а** *Buch*, стол-**и́** *Tische*).
Es kann auch sein, dass ein Wort über keine Endung verfügt (so genannte Nullendung). Dies ist beispielsweise bei den Substantiven der 2. Deklination im Nominativ und Akkusativ Singular (N. + A. Sg.) der Fall.

② Durch Abtrennen der Flexionsendung erhält man den **Stamm** eines Wortes (hier also **книжк** und **стол**). Dieser drückt die lexikalische Bedeutung des Wortes aus. Der Stamm wird nicht flektiert, das heißt, er bleibt beispielsweise in unterschiedlichen Fällen (Kasus) eines Substantivs oder in unterschiedlichen finiten Formen unverändert.

③ Ein Wort besteht also aus dem Stamm und der (Flexions)endung.
Der Wortstamm kann oftmals wiederum in verschiedene Einzelbestandteile, die ihrerseits eine Bedeutung tragen, unterteilt werden. Diese bedeutungstragenden Teile werden als Morpheme bezeichnet.

④ Der Teil, der die Hauptbedeutung trägt und nicht verändert werden kann, wird als **Wurzel** bezeichnet.

⑤ Bestimmte Wortformen werden mittels **Suffixen** (Nachsilben) gebildet, die am Ende des Stammes hinzugefügt werden.

⑥ **Präfixe** (Vorsilben) sind besonders bei Verben überaus häufig. Sie drückten oftmals eine bestimmte räumliche Dimension aus, eine Richtung, in die die Handlung erfolgt.

Beispiele zu 1 bis 6:
за-писа́-л-а *(sie) schrieb auf*
уч-и́-тель-к-а *Lehrerin*

1.4 Die Wortbetonung

① Der Wortakzent ist im Ukrainischen frei, beweglich und dynamisch. Das heißt, dass es keine feste Betonung gibt, sondern der Akzent auf jede Silbe fallen kann (frei).

Beispiele:
де́рево *Baum* | я́блуко *Apfel* | переписа́ти *abschreiben*

② Außerdem kann sich die betonte Silbe innerhalb eines Paradigmas oder bei Stammerweiterung mittels Präfigierung oder Suffigierung ändern (beweglich).

Beispiele:
середа́ *Mittwoch* | **у се́реду** *am Mittwoch*
вчо́ра *gestern* | **вчора́шній** *gestrig*

③ Der ukrainische Akzent zeichnet sich durch eine deutliche qualitative Hervorhebung der betonten Silbe aus (dynamisch).

④ Der Wortakzent hat eine beudeutungsunterscheidende (distinktive) Funktion.

Beispiele:
сі́м'я *Samen* | сім'я́ *Familie*
пе́ред *vor* | пере́д *Vorderseite*

1.5 Fehlen des Artikels

① Im Ukrainischen wird anders als im Deutschen bei den Substantiven kein Artikel gesetzt.

Beispiele:
дім *Haus* (kann sowohl *ein Haus* als auch *das Haus* heißen)
ву́лиця *Straße* (*die Straße, eine Straße*)

② Der zur Wiedergabe im Deutschen benötigte Artikel geht, sofern er relevant ist, aus dem Kontext hervor.

③ Zur Verstärkung kann ein Demonstrativpronomen davor gesetzt sein.

Beispiele:
цей дім *dieses Haus*
та ву́лиця *jene Straße*

1.6 Teilweises Fehlen der Kopula

In einem ukrainischen Satz kann die Kopula, also eine Form des Verbs **бу́ти** *sein*, die als Prädikat fungiert, im Präsens fehlen. Der Satz ist dennoch korrekt.

Beispiele:

① Петро́ – вчи́тель. oder Петро́ є вчи́тель.
Petro ist Lehrer.

Га́нна – студе́нтка. oder Га́нна є студе́нтка.
Hanna ist Studentin.

Beides ist möglich und wird häufig gebraucht. Wenn die Kopula fehlt, wird stattdessen, zumindest wenn es sich um eine Gleichsetzung (hier Gleichsetzungsnominativ) handelt, meistens ein Strich gesetzt, der darauf hindeutet, dass etwas ausgelassen wurde.

② Він удо́ма. und Він є вдо́ма.
Er ist zu Hause.

Га́нна в університе́ті. und Га́нна є в університе́ті.
Hanna ist in der Universität.

Im zweiten Beispiel hat die Kopula eine verstärkende Wirkung. Es handelt sich nicht mehr um eine Gleichsetzung dessen, was vor und was nach der Kopula steht (egal ob sie gesetzt ist oder als Nullkopula steht, d.h. fehlt). Also wird der Gedankenstrich nicht geschrieben.

1.7 Die Hauptarten der Intonationskonstruktionen

① **Aussagesatz** (*fallende Intonation*)

Beispiele:

Петро́ вдо́ма. ↓ *Peter ist zu Hause.*
Сього́дні те́пло. ↓ *Heute ist es warm.*

② **Abschließender Teil des Aussagesatzes** (*fallende Intonation*)

Beispiele:

У́чні не вча́ться: ↓ за́раз каніку́ли. ↓
Die Schüler lernen nicht, jetzt sind Ferien.

Не́бо потемні́ло: ↓ от-от пі́де дощ. ↓
Der Himmel wurde dunkel, und gleich wird es regnen.

③ **Aussagesatz** mit Aufzählung *(fallende Intonation)*

Beispiele:

Синіє ліс удалині, тут по́ле, рі́чка … ↓
Blau schimmert der Wald in der Ferne, hier ein Feld, der Fluss …

Тут є профе́сор, студе́нт і студе́нтка. ↓
Hier sind Professor, Student und Studentin.

④ **Fragesatz** mit Fragewort (*fallende Intonation)*

Beispiele:

Де ↑ Оле́ся? ↓ *Wo ist Olesja?*
Хто ↑ там? ↓ *Wer ist dort?*

⑤ **Fragesatz** ohne Fragewort *(steigende Intonation)*

Beispiele:

Тара́с на робо́ті? ↑ *Ist Taras in der Arbeit?*
Га́ля студе́нтка? ↑ *Ist Halja Studentin?*

⑥ **Anrede** (*fallende Intonation)*

Beispiele:

О́лю! ↓ *Olja!*
Добри́день! ↓ *Guten Tag!*
Приві́т! ↓ *Hallo!*

⑦ **Ausrufesatz,** der ein starkes Gefühl ausdrückt (*fallende Intonation)*

Beispiele:

Як ↑ хо́роше! ↓ *Wie schön!*
Яка́ ↑ га́рна кві́тка! ↓ *Was für eine schöne Blume!*

2. Phonetik (Lautlehre)

2.1 Die Vokale

① Im Ukrainischen sind **а, е, є, и, і, ї, о, у, ю, я** Vokale. Das heißt, dass es 10 Grapheme (Buchstaben) gibt, die Vokale ausdrücken.

② Die Vokale werden in zwei Reihen, eine vordere und eine hintere eingeteilt.

vordere Reihe:	hintere Reihe:
я	**а**
ю	**у**
є	**е**
і	**и**
ї	
	о

③ Die meisten Vokale der vorderen Reihe haben einen Partner in der hinteren. Der Unterschied ist, dass die Vokale der vorderen Reihe den im Wort vorhergehenden Konsonanten palatalisieren, das heißt, dass dieser dann weich ausgesprochen wird. Die Artikulation dieses Konsonanten erfolgt mit gehobenem Zungenrücken. Die Zunge drückt an den harten Gaumen (Palatum).

④ Vokale der hinteren Reihe bewirken dies nicht. Der davorstehende Konsonant wird hart (nicht palatalisiert) ausgesprochen. Die Palatalisierung bzw. Nichtpalatalisierung ist im Ukrainischen überaus wichtig und hat eine distinktive (bedeutungsunterscheidende) Funktion. *Beispiele:*

рад [rad] G. Pl. von ра́да (*Parlament*, *Versammlung*) und **ряд [r´ad]** *Reihe*
ра́са [rasa] *Rasse* | **ря́са [r´asa]** *Messgewand*

⑤ Die gleiche Funktion wie die Vokale der vorderen Reihe (die Erweichung des vorangehenden Konsonanten) hat auch das weiche Zeichen (ь). *Beispiele:*

шість [šist´] | день [den´]

⑥ Die Vokale **я, ю, є, ї** verfügen zwar über eigene Grapheme, sind phonetisch betrachtet allerdings nichts anderes als Kombinationen von **j + a, j + y, j + e, j + i**.

⑦ Man kann die 7 relevanten Vokale (die anderen sind nur Kombinationen) anhand der Zungenhöhe und vertikaler Zungenbewegung schematisch so darstellen:

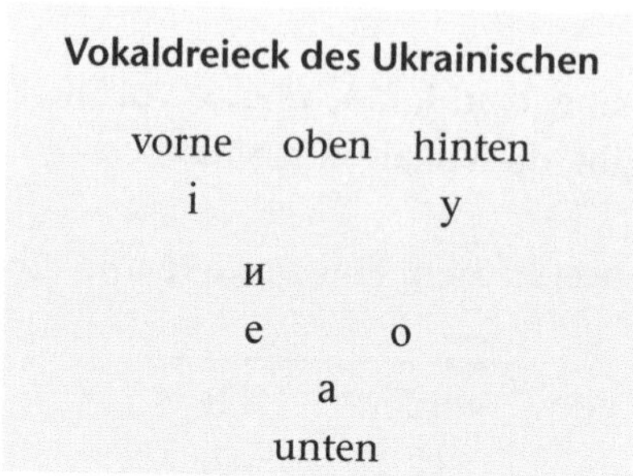

– Bei **ї** handelt es sich um ein Graphem, das **j + i** in sich vereint. *Beispiele:*
Украї́на *Ukraine* | ї́хати *fahren* | ї́сти *essen* | ї́ї *ihr* (G. A. Sg. von вона́ *sie*)

– Das **и** wird weiter hinten und etwas tiefer artikuliert als **i**. Konsonanten, die vor einem **и** stehen, werden nicht palatalisiert.

⑧ Unbetonte Vokale werden qualitativ kaum reduziert, ihre Lautung wird also weitgehend beibehalten. Ein Akanje (starke Reduktion unbetonter Vokale) – wie im Russischen – kennt das Ukrainische nicht.

2.2 Der Vokalwechsel

① Die Vokale **o** und **e** wechseln sehr häufig mit **i** innerhalb eines Paradigmas. Dies ist von der Struktur der Silbe abhängig. *Beispiele:*

ніс N. Sg.	**но́са** G. Sg.	*Nase*
кінь N. Sg.	**коня́** G. Sg.	*Pferd*
папір N. Sg.	**папе́ру** G. Sg.	*Papier*
Киї́в N. Sg.	**у Ки́єві** L. Sg.	*Kyjiv*

Der Unterschied ist, dass es sich bei den linken Beispielen jeweils um geschlossene Silben handelt, das heißt, dass die Silben mit einem Konsonanten auslauten, während die Silben der rechten Beispiele offen sind, also auf Vokal auslauten. Dies ist eine sehr wichtige Regel im Ukrainischen, die meistens zutrifft.

Beispielsweise fällt bei сло́во *Wort* im G. Pl. das **o** der Endung aus. Es bleibt also nur der Stamm übrig. So ändert sich auch die Silbenstruktur des Wortes, aus zwei offenen wird eine geschlossene Silbe und die Form des G. Pl. lautet folglich **слів**.

② Es gibt allerdings auch viele Ausnahmen. *Beispiele:*

сон *Traum*
Die Silbe ist zwar geschlossen, trotzdem steht **o** und nicht **i**.
Bei ніс *Nase* fand der Wechsel o > i statt (etymologisch ніс), bei сон blieb er hingegen aus (etymologisch ebenfalls сон).

перó *Feder* N. Sg. пер G. Pl.
Die Flexionsendung **o** fällt im G. Pl. aus. Es bleibt nur der Wortstamm übrig. Die Silbe wird somit geschlossen, also müsste der Wechsel e > i einsetzen. Das ist hier allerdings nicht der Fall, das etymologische **e** bleibt erhalten.

2.3 Die Konsonanten

① Stimmlos und stimmhaft

Die ukrainischen Konsonanten werden in stimmlose und stimmhafte eingeteilt. Diese Differenzierung ist wesentlich wichtiger als im Deutschen, da es sich nicht nur um Positionsvarianten handelt, sondern ihnen eine distinktive (bedeutungsunterscheidende) Funktion zukommt.

② Den meisten stimmlosen Konsonanten entspricht ein stimmhafter Partner. Dies gilt sowohl für palatalisierte als auch für nicht palatalisierte Konsonanten.

stimmlos	**п**	**ф**	**т**	**ть**	**с**	**сь**	**ш**	**ц**	**ць**	**ч**	**щ**	**к**
stimmhaft	**б**	**в**	**д**	**дь**	**з**	**зь**	**ж**	**дз**	**дзь**	**дж**	**ждж**	**ґ**

③ Außerdem werden die Konsonanten in palatalisierte und nicht palatalisierte eingeteilt. Diese Klassifizierung ist ebenfalls wichtig, da auch sie distinktive Funktion hat. Insgesamt neun nicht palatalisierte Konsonanten korrespondieren mit einem palatalisierten Partner. Nur **й** hat keine Entsprechung.

nicht palatalisiert	**т**	**д**	**с**	**з**	**ц**	**дз**	**н**	**л**	**р**	
palatalisiert	**ть**	**дь**	**сь**	**зь**	**ць**	**дзь**	**нь**	**ль**	**рь**	**й**

④ Vor **i** sind alle Konsonanten stets halbpalatalisiert (semipalatalisiert). Da der Rundungsgrad der Konsonanten allerdings nicht so stark ist wie in der Position vor den anderen Vokalen der vorderen Reihe, werden diese nicht als voll palatalisiert angesehen.

⑤ Der *Apostroph* (**'**), der als eigenes Zeichen im Alphabet geführt wird, bedeutet, dass der davor stehende Konsonant nicht palatalisiert wird, das heißt, dass dieser nicht mit gehobenem Zungenrücken artikuliert wird. Die Zunge geht also nicht zum harten Gaumen (Palatum). Diese Unterscheidung ist in den slawischen Sprachen überaus wichtig und distinktiv. Der Apostroph fungiert als Kennzeichen, das dem Leser mitteilt, dass an dieser Stelle nicht palatalisiert werden darf. *Beispiele:*

з'ї́зд [zijzd] *Kongress*
з würde durch das **ї** palatalisiert werden, wenn der Apostroph fehlte.
м'ясо [mjaso] *Fleisch*
м nicht palatalisiert
п'ять [pjat´] *fünf*
п nicht palatalisiert

⑥ **г** wird tiefer im Hals als das deutsche [h] artikuliert und ist ein stimmhafter Reibelaut (laryngal). *Beispiele:*

газе́та *Zeitung* | гора́ *Berg*

⑦ **ґ** wurde als Graphem erst wieder 1993 in das ukrainische Alphabet aufgenommen. Es wird in jüngster Zeit für immer mehr Wörter fremdsprachlicher Herkunft gebraucht, bei denen ein g vorkommt. Ursprünglich beschränkte es sich rund auf ein Dutzend Wörter. *Beispiele:*

ґра́ти *Gitter* | ґа́ва *Krähe* | ґа́нок *Schwelle* | ґу́дзик *Knopf* | ґату́нок *Gattung*

⑧ **p** im Wortauslaut ist stets hart (entpalatalisiert). In anderen Formen eines Paradigmas, bei denen das Wort nicht auf **p** auslautet, ist die Weichheit dann wieder vorhanden. *Beispiele:*

пе́кар [pekar] N. Sg. *Bäcker*
пе́каря [pekar´a] G. Sg.
лі́кар [l'ikar] N. Sg. *Arzt*
лі́каря [l'ikar´a] G. Sg.

⑨ **в** wird in geschlossenen Silben vor Konsonanten und im absoluten Wortauslaut bilabial artikuliert, das heißt, dass dabei beide Lippen gerundet sind. *Beispiele:*

пра́вда [prau̯da] *Wahrheit* | ма́впа [mau̯pa] *Affe* | каза́в [kazau̯] *sagte*

⑩ Lange Konsonanten

Sehr häufig sind im Ukrainischen so genannte lange Konsonanten. Orthographisch werden sie zwar mit zwei Konsonanten dargestellt, dies bedeutet aber keine Doppelkonsonanz, sondern eine längere Aussprache. *Beispiele:*

знання́ [znan´:a] *Wissen* | життя́ *Leben* | весілля *Hochzeit*

2.4 Der Konsonantenwechsel

① Innerhalb eines Paradigmas können Konsonanten mit anderen wechseln. *Beispiele:*

бе́рег m. N. Sg. *Ufer*	**на бе́резі** L. Sg.
друг m. N. Sg. *Freund*	**дру́зі** N. Pl.
рука́ f. N. Sg. *Hand*	**руці́** D. Sg.

Solche Konsonatenwechsel treten bei **к, г, х** bei den Maskulina im L. Sg. und N. Pl. sowie im Vokativ und bei den Femina im D. Sg. und L. Sg. ein.

② Auch bei Verben sind Vokalwechsel in Paradigmen nicht selten. *Beispiele:*

носи́ти Inf. *tragen*	**ношу́** 1. Ps. Sg.
води́ти Inf. *führen*	**воджу́** 1. Ps. Sg.
могти́ Inf. *können*	**мо́жу** 1. Ps. Sg.

2.5 Die Assimilation von Konsonanten

① Längere Gruppen von Konsonanten sind dem Ukrainischen eigentlich fremd. Wenn in der historischen Entwicklung etymologisch drei Konsonanten aufeinander folgten, begann meist ein Prozess der Assimilation, Neutralisierung und schließlich des Ausfalls eines der Konsonanten dieser Gruppe.

② Wenn ein stimmhafter Konsonant vor einem stimmlosen steht, dann wird dieser nicht regressiv assimiliert, das heißt, die Stimmhaftigkeit des vorangehenden Konsonanten bleibt erhalten. *Beispiele:*

кни́жка [knyžka] *Buch*
ка́зка [kazka] *Märchen*

Eine Ausnahme stellen hierbei die Präposition **з** und das Präfix **роз-** dar, bei denen jeweils eine regressive Assimilation stattfindet. *Beispiele:*

з тобóю [s toboju] *mit Dir*
розказáти [roskazaty] *erzählen*

③ Wenn aber ein stimmloser Konsonant vor einem stimmhaften steht, so wird dieser sehr wohl regressiv assimiliert, das heißt, dass der vorangehende Konsonant die Stimmhaftigkeit des folgenden übernimmt. Auch hier setzt sich also wiederum die Stimmhaftigkeit durch. *Beispiel:*

боротьбá [borod'ba] *Kampf*

④ Die Stimmhaftigkeit am Wortende bleibt erhalten, es wird also nicht zum entsprechenden stimmlosen Partner gewechselt (keine Auslautverhärtung). *Beispiele:*

зуб [zub] *Zahn*
сугрóб [suhrob] *Schneehaufen*
суд [sud] *Gericht*

3. Morphologie (Formenlehre)

3.1 Substantiv (ukr. іме́нник)

3.1.1 Allgemeines

① Durch Substantive (Hauptwörter) bezeichnet man Gegenstände (стіл *Tisch*), Namen (Володи́мир *Volodymyr*), Tiere (кінь *Pferd*), Pflanzen (троя́нда *Rose*), Nichtgegenständliches (мо́лодість *Jugend*) u. ä. Begriffe.

② Genus (Geschlecht)
Das ukrainische Substantiv gehört einem der drei Genera (Geschlechter) an: maskulinum (m.), femininum (f.), neutrum (n.) (männlich, weiblich, sächlich).

③ Das Genus der Substantive, die Personen bezeichnen, entspricht in der Regel dem natürlichen. *Beispiele:* чолові́к m. *Mann,* жі́нка f. *Frau,* син m. *Sohn.*

④ Es gibt allerdings auch Fälle, bei denen für Berufsbezeichnungen nur eine Form verwandt wird, z. B. воді́й *Fahrer.* Dies ist in der Regel die maskuline Form, die auch für feminine Substantive gebraucht wird (вона́ є воді́й *sie ist Fahrerin*).

⑤ Einige wenige Substantive können mit zwei Genera gebraucht werden, z. B. нови́й коле́га *ein neuer Kollege* bzw. нова́ коле́га *eine neue Kollegin*, je nach dem Geschlecht der Person.

⑥ Das Genus eines Substantivs ist an seiner Endung zu erkennen:

a) maskuline Substantive enden auf
Konsonanten (Nullendung) (дім *Haus*),
-о (ба́тько *Vater*), auf **-ь** (weiches Zeichen) (украї́нець *der Ukrainer*),
-й (край *Rand, Gebiet*).

b) feminine Substantive enden auf
-а oder **-я** (ша́фа *Schrank*, надія *Hoffnung*),
Konsonanten (піч *Ofen*),
-ище (zur Bezeichnung von Substantiven mit der Bedeutung *groß* (Augmentativa)) (сили́ще (von си́ла *Kraft*), ножи́ще (von нога́ *Bein*)).

c) neutrale Substantive enden auf
-о oder **-е** (вікно́ *Fenster*, перо́ *Feder*, мо́ре *Meer*, во́гнище *Feuer*),
-я (ім'я́ *Vorname*, ли́стя *Laub*).

Wenn zwei gleiche Konsonanten vor der Endung **-я** stehen, zählt das Substantiv ebenfalls zu den Neutra, z. B.: **-ння**: чека́ння *das Warten*, знання́ *die Kenntnis*, **-ття**: життя́ *das Leben*, **-лля**: весі́лля *die Hochzeit*.

Genus	Endung	Beispiel
m.	keine Endung (Null, ь, й):	
	Null	літа́к *Flugzeug*
	ь	украї́нець *Ukrainer*
	й	край *Gebiet, Rand*
	о	ба́тько *Vater*
f.	а	ри́ба *Fisch*
	я	наді́я *Hoffnung*
	keine Endung	піч *Ofen*
	ь	тінь *Schatten*
	е	сили́ще *große Stärke*
n.	о	вікно́ *Fenster*
	е	мо́ре *Meer*
	а	лоша́ *Fohlen*
	я	теля́ *Kalb*
		весі́лля *Hochzeit*

d) Indeklinable (undeklinierbare) Substantive gehören gewöhnlich zu den Neutra: метро́ *U-Bahn*, фо́то *Foto*, шосе́ *Chaussee*, таксі́ *Taxi*, бюро́ *Büro*.

Beipiele:
Таксі́ приї́хало. *Das Taxi ist gekommen.*
Сього́дні метро́ закри́те. *Die U-Bahn ist heute geschlossen.*

e) Es gibt auch einige wenige Substantive im Ukrainischen, die sowohl dem maskulinen als auch dem femininen Genus zugehörig sein können (gemeinsames Genus, спі́льний рід). Zu ihnen zählen: слуга́ *Diener*, сіромáха *arme Seele*, сирота́ *Waisenkind*, калі́ка *Behinderter*, п'я́ниця *Trinker*.

Es handelt sich bei allen um Bezeichnungen für Personen. Sie werden nach dem Geschlecht des Menschen, von dem die Rede ist, unterschieden, also оди́н сирота́ *ein Waise* bzw. одна́ сирота́ *eine Waise*.

⑦ Kasus (Fall)

a) Bei den ukrainischen Substantiven unterscheidet man sieben Kasus (Fälle): *Nominativ, Genitiv, Dativ, Akkusativ, Instrumental, Lokativ und Vokativ.*
Der Lokativ wird auch als Präpositiv bezeichnet, da er stets in Verbindung mit einer Präposition gebraucht wird.

b) Wie beispielsweise das Lateinische verfügt das Ukrainische über einen Anredekasus (Vokativ). Dieser wird verwendet, wenn man sich direkt an jemanden bzw. etwas wendet. Natürlich ist der Gebrauch bei Menschen oder Personenbezeichnungen häufiger als bei Gegenständen. Allerdings ist eine Anwendung auf Gegenstände theoretisch sicherlich möglich und darüber hinaus beispielsweise auch in der Literatur durchaus gebräuchlich.
Der Vokativ wird nur im Singular verwendet. Vokativformen des Plurals entsprechen den Nominativformen.
Es ist linguistisch umstritten, inwieweit es sich bei dem Vokativ um einen echten Kasus handelt, deshalb wird er im Ukrainischen häufiger als *vokative Form* bezeichnet (кли́чна фо́рма).
Hier sollen nur dann Vokativformen angegeben werden, wenn diese sinnvoll erscheinen.

c) Zu jedem Kasus (mit Ausnahme des Vokativs) ist es möglich eine Frage nach einer Person bzw. nach einer Sache zu stellen:

N.	хто? wer?	що? was?
G.	кого́?	чого́?
D.	кому́?	чому́?
A.	кого́?	що?
I.	ким?	чим?
L.	(на) ко́му?	(на) чо́му?

⑧ Numerus (Zahl)

An Zahlformen des Substantivs (Numeri) kennt das Ukrainische wie das Deutsche Singular (Einzahl) und Plural (Mehrzahl). *Beispiele:*

час *Zeit* часи́ | доро́га *Weg* доро́ги | село́ *Dorf* се́ла

⑨ Beseeltheitskategorie (Belebtheitskategorie)

a) Im Ukrainischen werden Substantive danach unterschieden, ob sie Lebendes (Beseeltes, Belebtes) oder nicht Lebendes (Nichtbeseeltes, Nichtbelebtes) bezeichnen. Zu den beseelten Substantiven werden Personen- und Tierbezeichnungen gerechnet, z. B.: лі́кар *Arzt*, австрі́єць *Österreicher*, соба́ка *Hund*, ведмі́дь *Bär*.

b) Diese Klassifizierung ist besonders für den Akkusativ wichtig, da hier anhand dieses Kriteriums unterschieden wird, ob die Akkusativform der des Nominativs (unbeseelt) oder der des Genitivs (beseelt) entspricht. *Beispiele:*

A. Sg. Я ба́чу студе́нта. *Ich sehe den Studenten.*

Aber: Я ба́чу буди́нок. *Ich sehe das Gebäude.*

A. Pl. Я зна́ю украї́нців. *Ich kenne Ukrainer.*

Я ба́чу пасажи́рів. *Ich sehe die Fahrgäste.*

Aber: Я шука́ю мої́ ключі́. *Ich suche meine Schlüssel.*

c) Bei Tieren kann aber im A. Pl. sowohl die Form des N. Pl. als auch die des G. Pl. verwendet werden. *Beispiel:*

Я ба́чу корі́в oder Я ба́чу коро́ви. *Ich sehe Kühe.*

⑩ **Deklinationen**
Im Ukrainischen werden im Allgemeinen vier Deklinationen unterschieden.

3.1.2 Die erste Deklination (a-Deklination)

① Zur ersten Deklination gehören überwiegend Substantive femininen Geschlechts. Es gibt aber auch einige, die maskulinen (суддя́ *der Richter*) oder gemeinsamen Geschlechts (слуга́ *der Diener*, сирота́ *das Waisenkind*) sind.

② Diese Deklination wird nach dem Stammauslaut in eine harte und eine weiche Gruppe eingeteilt.

- Zur harten Gruppe gehören Substantive, deren Stamm auf harten Konsonanten auslautet und deren Endung **-a** ist (че́рга *Warteschlange*, соро́чка *Hemd*).
- Zur weichen Gruppe gehören Substantive, deren Stamm auf weichen Konsonanten auslautet und deren Endung **-я** ist (наді́я *Hoffnung*).
- Traditionell wird von diesen beiden Gruppen noch eine dritte unterschieden, die als gemischte Gruppe bezeichnet wird. Zu ihr gehören Substantive, deren Stamm auf Zischlaut auslautet und die als Flexionsendung ein **-a** haben (пло́ща *Platz*, те́ща *Schwiegermutter*).
  Diese Gruppe vereint in sich Kennzeichen, die in den anderen beiden ebenfalls vorkommen.

③ Erste Deklination mit hartem Stammauslaut
Musterwörter: сестрá *Schwester*, рукá *Hand*

Singular		
N.	сестрá	рукá
G.	сестри́	руки́
D.	сестрí	руцí
A.	сестрý	рýку
I.	сестрóю	рукóю
L.	(на) сестрí	руцí
V.	сéстро	рýко

Plural		
N.	сéстри	рýки
G.	сестéр	рук
D.	сéстрам	рукáм
A.	сестéр	рýки
I.	сéстрами	рукáми
L.	(на) сéстрах	рукáх

④ Erste Deklination mit weichem Stammauslaut
Musterwörter: прáля *Wäscherin*, надíя *Hoffnung*

Singular		
N.	прáля	надíя
G.	прáлі	надíї
D.	прáлі	надíї
A.	прáлю	надíю
I.	прáлею	надíєю
L.	(на) прáлі	надíї
V.	прáле	надíє

Plural		
N.	прáлі	надíї
G.	праль	надíй
D.	прáлям	надíям
A.	прáлі	надíї
I.	прáлями	надíями
L.	(на) прáлях	надíях

⑤ Gemischte Deklination (erste Deklination bei Stammauslaut auf Zischlaut)
Musterwörter: грýша *Birne*, сили́ще *große Kraft*

Singular		
N.	грýша	сили́ще (сили́ща)
G.	грýші	сили́щі
D.	грýші	сили́щі
A.	грýшу	сили́ще (сили́щу)
I.	грýшею	сили́щею
L.	(на) грýші	сили́щі
V.	грýше	сили́ще

Plural		
N.	грýші	сили́ща (сили́щі)
G.	груш	сили́щ
D.	грýшам	сили́щам
A.	грýші	сили́ща
I.	грýшами	сили́щами
L.	(на) грýшах	сили́щах

a) Das Suffix **-ищ-**, das üblicherweise mit der Endung **-e** auftritt (manchmal ist auch **-a** möglich), drückt die Bedeutung *groß*, *stark*, *kräftig* (Augmentativ) aus. Es kann sowohl bei maskulinen als auch bei femininen Wörtern stehen. Das Genus wird durch dieses Suffix nicht verändert. So ist синúще (zu син *Sohn*, hier also *großer, kräftiger Sohn*) ein Maskulinum, während es sich bei силúще (von сúла *Kraft*, hier also *große Kraft*, *große Stärke* um ein Femininum handelt). Somit ist auch **-e** eine mögliche Flexionsendung bei den Feminina (allerdings nur in Verbindung mit diesem Suffix).

b) Bei der ersten Deklination entspricht der Dativ Singular stets dem Lokativ Singular.

⑥ Konsonantenalternationen (Palatalisierungen)

Im D. Sg. und L. Sg. wechseln die Konsonanten **к, г, х**, wenn sie vor der Endung **i** stehen, zu **ц, з, с**. *Beispiele:*

	N. Sg.	D. Sg.	L. Sg.
к → ц	рукá *Hand*	руцí	(на) руцí
	дочкá *Tochter*	дочцí	(на) дочцí
г → з	ногá *Fuß*, *Bein*	нозí	(на) нозí
	вагá *Waage*	вазí	(на) вазí
х → с	мýха *Fliege*	мýсі	(на) мýсі

⑦ Flüchtige Vokale

Da der G. Pl. endungslos ist, also der reine Wortstamm in diesem Kasus (Fall) übrig bleibt, wird zur Vereinfachung der Aussprache ein **-o-** oder ein **-e-** eingeschoben. Der Vokalverlust wird praktisch durch Hinzufügung eines anderen kompensiert (so genannter flüchtiger Vokal). *Beispiele:*

N. Sg.		G. Pl.
жíнка *Frau*	→	жінóк
кáчка *Ente*	→	качóк
веснá *Frühling*	→	вéсен
війнá *Krieg*	→	вóєн (вíйн)
соснá *Kiefer*	→	сóсен (сóсон)

⑧ Unregelmäßige Pluralformen

Bei einigen Substantiven wird im Plural der Stamm verkürzt und es entstehen Formen, die unregelmäßig erscheinen. *Beispiele:*

людúна *Mensch* → лю́ди
дитúна *Kind* → дíти
кýрка *Huhn* → кýри
гýска *Gans* → гýси

⑨ Vokalwechsel

Durch den Wegfall der Endung im G. Pl. wird das Wort um eine Silbe verkürzt, dadurch ergibt sich eine andere Silbeneinteilung und somit oftmals ein Vokalwechsel von **-o-** zu **-i-**. *Beispiele:*

N. Sg.		G. Pl.
ногá *Bein, Fuß*	→	ніг
горá *Berg*	→	гір
осóба *Person*	→	осíб
сиротá *Waisenkind*	→	сирíт

Bei manchen Lexemen sind im G. Pl. Varianten möglich, bei denen dann jeweils eine mit **-o-** und die andere mit **-i-** steht. *Beispiele:*

N. Sg.		G. Pl.
сльозá *Träne*	→	сліз und сльоз
козá *Ziege*	→	кіз und коз

⑩ Unregelmäßige Formen im Genitiv Plural

Bei einigen Substantiven, die in der Vergangenheit wohl weitaus häufiger gebraucht wurden bzw. damals eine wesentlich größere Bedeutung für den Menschen hatten als heute, ist im G. Pl. die Endung **-ей** zu erkennen, die unregelmäßig aussieht. *Beispiele:*

N. Sg.		G. Pl.
сім'я́ *Familie*	→	сіме́й
свиня́ *Schwein*	→	свине́й
ми́ша *Maus*	→	мише́й

Einige wenige Substantive haben im G. Pl. die Endung **-ів** der Maskulina. Das natürliche Genus dieser Wörter ist entweder das maskuline bzw. das gemeinsame. *Beispiele:*

N. Sg.		**G. Pl.**
суддя́ *Richter*	→	су́ддів
ста́роста *Klassensprecher*	→	ста́ростів

⑪ **Dublettformen im Instrumental Plural**

Auch im I. Pl. gibt es einige Substantive, bei denen Varianten möglich sind. *Beispiele:*

свиня́ми und свиньми́ *Schwein*
сльоза́ми und сліз ьми́ *Träne*

3.1.3 Die zweite Deklination (o-Deklination)

Zur zweiten Deklination gehören überwiegend Substantive maskulinen und neutralen Genus. Auch bei dieser Deklination werden eine harte, eine weiche Gruppe sowie eine gemischte Gruppe unterschieden.

Zur harten Gruppe gehören:

- maskuline Substantive, die auf harten Konsonanten (робітни́к *Arbeiter*) oder auf **-о** (ба́тько *Vater*) auslauten.
- neutrale Substantive, die auf **-о** (вікно́ *Fenster*) auslauten.

Zur weichen Gruppe gehören:

- maskuline Substantive, die auf weichen Konsonanten (кова́ль *Schmied*) oder auf **-й** (урожа́й *Ernte*) auslauten.
- neutrale Substantive, die auf **-е** (по́ле *Feld*) auslauten.
- neutrale Substantive, die auf **-я** (знання́ *Wissen, Kentnisse*) auslauten.

Zur gemischten Gruppe gehören:

- maskuline Substantive, die auf Zischlaut auslauten (ніж *Messer*).
- neutrale Substantive, die auf **-е** enden und deren Stamm auf Zischlaut auslautet (я́вище *Erscheinung*).

3.1.3.1 *Zweite Deklination (o-Deklination) der Maskulina*

① Zweite Deklination (Maskulina) mit hartem Stammauslaut
Musterwörter: стіл *Tisch*, інженéр *Ingenieur*

Singular		
N.	стіл	інженéр
G.	столá	інженéра
D.	столý (столóві)	інженéрові (інженéру)
A.	стіл	інженéра
I.	столóм	інженéром
L.	(на) столí	інженéрові
V.	стóле	інженéре

Plural		
N.	столи́	інженéри
G.	столíв	інженéрів
D.	столáм	інженéрам
A.	столи́	інженéрів
I.	столáми	інженéрами
L.	(на) столáх	інженéрах

② Zweite Deklination (Maskulina) mit weichem Stammauslaut
Musterwörter: водíй *Fahrer*, лíкоть *Ellbogen*

Singular		
N.	водíй	лíкоть
G.	водія́	лíктя
D.	водiєві (водію́)	лíктю
A.	водія́	лíкоть
I.	водієм	лíктем
L.	(на) водії	(на) лíкті
V.	водíю	

Plural		
N.	водíї	лíкті
G.	водíїв	лíктів
D.	водія́м	лíктям
A.	водíїв	лíкті
I.	водія́ми	лíктями
L.	(на) водія́х	(на) лíктях

③ Zweite Deklination (Maskulina) der gemischten Gruppe
Musterwörter: читáч *Leser*, товáриш *Freund*

Singular		
N.	читáч	товáриш
G.	читачá	товáриша
D.	читачéві (читачý)	товáришеві (товáришу)
A.	читачá	товáриша
I.	читачéм	товáришем
L.	(на) читачéві	(на) товáришеві (товáриші)
V.	читачý	товáришу

Plural		
N.	читачі	товариші
G.	читачів	товаришів
D.	читачáм	товаришáм
A.	читачів	товаришів
I.	читачáми	товаришáми
L.	(на) читачáх	(на) товаришáх

④ Zweite Deklination von Substantiven maskulinen Genus, die auf -o enden
Musterwörter: бáтько *Vater*, Сашкó *Saško* (Koseform von *Oleksandr*)

Singular			Plural	
N.	бáтько	Сашкó	N.	батьки́
G.	бáтька	Сашкá	G.	батьків
D.	бáтьку (бáтькові)	Сашкý (Сашкóві)	D.	батькáм
A.	бáтька	Сашкá	A.	батьків
I.	бáтьком	Сашкóм	I.	батькáми
L.	(при) бáтькові (бáтьку)	(при) Сашкóві (Сашкý)	L.	(при) батькáх
V.	бáтьку	Сашкý		

a) Bei den maskulinen Substantiven dieser Deklination endet die Form des G. Sg. entweder auf **-a** oder auf **-y**. In Wörterbüchern wird die Form des G. Sg. gewöhnlich angegeben.

b) Grundsätzlich ist die Tendenz zu erkennen, dass Substantive, die Konkretes bezeichnen, überwiegend den G. auf **-a** bilden, während solche, die Abstraktes bezeichnen, eher mit der Endung **-y** stehen. Die Endung **-y** ist im Ukrainischen sicherlich die häufigere.

3.1.3.1.1 Genitiv Singular

Der Genitiv Singular auf **-a** steht bei:

- Personennamen und Tierbezeichnungen

  кова́ль *Schmied* → коваля́
  птах *Vogel* → пта́ха
  вовк *Wolf* → во́вка

- Bezeichnungen von Orten

  Ки́їв *Kyjiv* → Ки́єва
  Львів *L'viv*, *Lemberg* → Льво́ва

- Bezeichnungen von Flüssen

  Дністе́р *Dnister* → Дністра́

  Dies gilt nur, falls in der Genitivform die letzte Silbe unter dem Akzent steht. Fällt der Akzent aber auf dem Stamm, so endet die Genitivform auf **-y**:

  Бу́г *Bug* → Бу́гу
  Дуна́й *Donau* → Дуна́ю

- Zeitangaben (Wochentage, Monate)

  понеді́лок *Montag* → понеді́лка
  листопа́д *November* → листопа́да

- Gewichts- und Maßangaben

  грам *Gramm* → гра́ма
  метр *Meter* → ме́тра

- wissenschaftlichen Termini

  а́том *Atom* → а́тома
  ра́діус *Radius* → ра́діуса

Der Genitiv Singular auf **-y** steht bei:

- Stoffbezeichnungen

  цу́кор *Zucker* → цу́кру
  пісо́к *Sand* → піску́
  асфа́льт *Asphalt* → асфа́льту

- Sammelbegriffen

  анса́мбль *Ensemble* → анса́мблю
  гай *Hain* → га́ю
  сад *Garten* → са́ду
  рай *Paradies* → ра́ю
  колекти́в *Kollektiv* → колекти́ву

- Bezeichnungen von Gebäuden und Gebäudeteilen

  буди́нок *Gebäude* → буди́нку
  дах *Dach* → да́ху
  ґа́нок *Schwelle* → ґа́нку
  порі́г *Schwelle* → поро́гу

- Bezeichnungen von Ort und Raum

  світ *Welt* → сві́ту
  край *Rand* → кра́ю

- Naturerscheinungen

  сні́г *Schnee* → сні́гу
  ві́тер *Wind* → ві́тру
  дощ *Regen* → дощу́
  тума́н *Nebel* → тума́ну

- Bezeichnungen für Gefühle

  страх *Angst* → стра́ху
  біль *Schmerz* → бо́лю
  гнів *Wut* → гні́ву

- Bezeichnungen für Spiel und Tanz

  футбо́л *Fußball* → футбо́лу
  те́ніс *Tennis* → те́нісу
  вальс *Walzer* → ва́льсу

- Termini auf **-ізм**

  імперіалі́зм *Imperialismus* → імперіалі́зму
  екстремі́зм *Extremismus* → екстремі́зму

3.1.3.1.2 Andere Kasus (Fälle)

① Dativ Singular

Im D. Sg. ist der Gebrauch von zwei Formen möglich. Eine hat die Endung **-ові** und die andere **-у**. Diese Eigenschaft wird häufig gebraucht, um stilistisch variieren zu können und um Wiederholungen zu vermeiden. *Beispiel:*

пáм'ятник поéт**у** Шевчéнк**ові** *Das Denkmal des Dichters Ševčenko*
пáм'ятник поéт**ові** Шевчéнк**у**

Bei Ortsbezeichnungen endet der D. Sg. in der Regel allerdings auf **-у**. *Beispiele:*

Львів *L'viv, Lemberg* → Львóв**у** (Form im D. Sg.)
бéрег *Ufer* → бéрег**у**

② Konsonantenwechsel (2. Palatalisierung)

Im L. Sg. wechseln die Konsonanten **к**, **г**, **х**, wenn sie vor der Endung **-і** stehen, zu **ц**, **з**, **с**:

к → ц
г → з
х → с

Beispiele:

N. Sg.		L. Sg.
бéрег *Ufer*	→	(на) бéрезі *am Ufer*
Зáльцбург *Salzburg*	→	у Зáльцбурзі
Нюрнберг *Nürnberg*	→	у Нюрнберзі (auch у Нюрнбергу)
Aber:		
Нью-Йóрк *New York*	→	у Нью-Йóрку

③ Flüchtige Vokale

Wenn vor dem stammauslautenden Konsonanten im N. Sg. ein **-о-** oder **-е-** steht, fällt dieses in der Form des G. Sg. in der Regel aus (flüchtiger Vokal). *Beispiele:*

N. Sg.		G. Pl.
день *Tag*	→	дня
кінéць *Ende*	→	кінця́

3.1.3.2 *Zweite Deklination (o-Deklination) der Neutra*

① Zweite Deklination (Neutra) mit hartem Stammauslaut
Musterwort: óзеро *See*

	Singular	Plural
N.	óзеро	озéра
G.	óзера	озéр
D.	óзеру	озéрам
A.	óзеро	озéра
I.	óзером	озéрами
L.	(на) óзері	(на) озéрах

② Zweite Deklination (Neutra) mit weichem Stammauslaut
Musterwort: пóле *Feld*

	Singular	Plural
N.	пóле	полń
G.	пóля	піль (полíв)
D.	пóлю	полям́
A.	пóле	полń
I.	пóлем	поля́ми
L.	(на) пóлі (пóлю)	поля́х

Hierzu werden auch die neutralen Substantive gerechnet, die auf **-я** enden. Vor der Endung steht ein Konsonant zweimal (langer Konsonант).

Musterwort: знання́ *Wissen*, *Kenntnisse*

	Singular	Plural
N.	знання́	знання́
G.	знання́	знань
D.	знанню́	знання́м
A.	знання́	знання́
I.	знання́м	знання́ми
L.	(у) знанні́	(у) знання́х

③ Zweite Deklination (Neutra) der gemischten Gruppe
Musterwort: прізвище *Nachname*

	Singular	Plural
N.	прізвище	прізвища
G.	прізвища	прізвищ
D.	прізвищу	прізвищам
A.	прізвище	прізвища
I.	прізвищем	прізвищами
L.	(у) прізвищі (прізвищу)	(у) прізвищах

a) Vokalalternationen

Durch den Ausfall der Endung im G. Pl. in der zweiten Deklination der Neutra und der daraus resultierenden Verkürzung des Wortes um eine Silbe (es bleibt der Stamm übrig), kommt es zu einer Neueinteilung der Silben und deshalb mitunter zu einem Vokalwechsel von **-o-** und **-e-** zu **-i-**. *Beispiele:*

N. Sg.		G. Pl.
сло́во *Wort*	→	слів
село́ *Dorf*	→	сіл
ко́лесо *Rad*	→	колі́с
вікно́ *Fenster*	→	віко́н

b) Unregelmäßige Formen im G. Pl. bei den Neutra

Es gibt einige neutrale Substantive, die im G. Pl. nicht die eigentlich zu erwartende Nullendung (Endung auf Konsonanten, nur der Stamm bleibt übrig) aufweisen, sondern die Endung **-ів** der Maskulina. *Beispiele:*

N. Sg.		G. Pl.
мо́ре *Meer*	→	морі́в
почуття́ *Gefühl*	→	почутті́в

c) Dublettformen und unregelmäßige Formen im I. Pl. der Neutra

Es gibt einige neutrale Substantive, die neben der üblichen Endung des I. Pl. der zweiten Deklination **-ами** noch eine zweite auf **-(ь)ми** haben (so genannte Dublettform) oder nur über eine Form mit dieser Endung verfügen, die unregelmäßig erscheinen mag.

Außerdem gibt es einige Bezeichnungen von Körperteilen, die in der Form des I. Pl. die Endung **-ма** aufweisen (alte Dualformen). *Beispiele:*

N. Sg.		**N. Pl.**	**I. Pl.**
криló *Flügel*	→	кри́ла	кри́лами und крильми́
кóлесо *Rad*	→	колéса	колéсами und колíсьми
плечé *Schulter*	→	плéчі	плечи́ма und плечáми
вýхо *Ohr*	→	вýха (ýші)	вýхами und уши́ма
óко *Auge*	→	óчі	очи́ма und очáми

d) Akkusativ + Genitiv unbeseelter Substantive

Das Ukrainische besitzt die Besonderheit, dass eine unbeseelte Sache, die als Objekt zu einem Verb steht, also im Akkusativ, die Form des Genitivs aufweist, anstatt der eigentlich zu erwartenden Form des Nominativs.
Es sind hier beide Formen zulässig. Einige unbeseelte Dinge können grammatisch wie beseelte behandelt werden. *Beispiele:*

взя́ти ніж (= N.)	und	взя́ти ножá (= G.)
писáти лист (= N.)	und	писáти листá (= G.)
↓		↓
Akkusativobjekt unbeseelt		Akkusativobjekt behandelt wie beseelt

3.1.4 Die dritte Deklination (i-Deklination)

① Der dritten Deklination gehören ausschließlich Substantive femininen Geschlechts an. Sie haben keine Flexionsendung und ihr Stamm lautet auf einen Konsonanten aus. Außerdem wird das Wort мати *Mutter* zu dieser Deklinationsklasse gerechnet.

Musterwörter: кість *Knochen,* ніч *Nacht,* любóв *Liebe*

	Singular		
N.	кість	ніч	любóв
G.	кості́	нóчі	любóві
D.	кості́	нóчі	любóві
A.	кість	ніч	любóв
I.	кістю	ніччю	любóв'ю
L.	(у) кості́	нóчі	любóві
V.	кóсте	нóче	любóве

	Plural	
N.	кóсті	нóчі
G.	костéй	ночéй
D.	костя́м	ночáм
A.	кóсті	нóчі
I.	костя́ми	ночáми
L.	(у) костя́х	ночáх

② Deklination von Substantiven mit dem Suffix **-ість**
Musterwort: рáдість *Freude*

	Singular	Plural
N.	рáдість	рáдості
G.	рáдості	рáдостей
D.	рáдості	рáдостям
A.	рáдість	рáдості
I.	рáдістю	рáдостями
L.	(на) рáдості	(на) рáдостях
V.	рáдосте	

Das Suffix **-ість** ist bei der Bildung von Wörtern mit abstrakter Bedeutung sehr produktiv. *Beispiele:*

рáдість *Freude* | мýдрість *Weisheit* | мóлодість *Jugend* | шви́дкість *Geschwindigkeit* usw.

③ Deklination des Substantives **ма́ти** *Mutter*

	Singular	Plural
N.	ма́ти	ма́тері
G.	ма́тері	матері́в
D.	ма́тері	матеря́м
A.	ма́тір	матері́в
I.	ма́тір'ю	матеря́ми
L.	(у) ма́тері	(на) матеря́х
V.	ма́ти	

Bei diesem Wort handelt es sich um eine Ausnahme, da es seine historischen Formen bewahrt hat und nicht die Deklinationsklasse gewechselt hat.

④ Dublettformen im I. Pl.

Bei einigen Substantiven der dritten Deklination gibt es neben der eigentlichen Endung **-ами** des I. Pl. noch eine oder mehrere weitere Formen (Dublettformen, Varianten). Die Endung **-(ь)ми** wird bei wenigen sehr alten Wörtern verwendet. *Beispiel:*

N. Sg. кість *Knochen* → I. Pl. кістя́ми, кістьми́, костя́ми, костьми́

⑤ Unregelmäßige Formen im G. Pl.

Bei einigen Substantiven der dritten Deklination steht neben der eigentlich zu erwartenden Flexionsendung **-ей** die Endung **-ів** der Maskulina. Diese Wörter werden aber der dritten Deklination zugerechnet. *Beispiele:*

N. Sg.		G. Pl.
ось f. *Achse*	→	осі́в
ма́ти f. *Mutter*	→	матері́в

3.1.5 Die vierte Deklination

① Zur vierten Deklination gehören neutrale Substantive, die auf **-а (-я)** enden und deren Stamm in den übrigen Fällen um **-ат**, **-ят-** oder **-ен-** erweitert wird.

② Zu dieser Deklinationsklasse zählt man

a) Neutra auf **-м'я** (Heteroklitika):

ім'я́ *Vorname* | пле́м'я *Stamm* | сім'я́ *Familie* | ви́м'я *Euter*

b) Namen von jungen Menschen und Tiernamen:

дитя́ *Kind* | дівча́ *Mädchen* | теля́ *Kalb* | ведмежа́ *Bärenjunge* | гуся́ *kleine Gans* | лисеня́ *junger Fuchs* | лоша́ *Fohlen* | курча́ *Huhn*

Musterwörter:
лоша́ *Fohlen* | курча́ *Huhn* | ім'я́ *Vorname*

	Singular	
N.	лоша́	курча́
G.	лоша́ти	курча́ти
D.	лоша́ті	курча́ті
A.	лоша́	курча́
I.	лоша́м	курча́м
L.	(на) лоша́ті	курча́ті
V.	лоша́	курча́

	Plural	
N.	лоша́та	курча́та
G.	лоша́т	курча́т
D.	лоша́там	курча́там
A.	лоша́т (лоша́та)	курча́т (курча́та)
I.	лоша́тами	курча́тами
L.	(на) лоша́тах	курча́тах

	Singular	Plural
N.	ім'я́	імена́
G.	і́мені (ім'я́)	іме́н
D.	і́мені	імена́м
A.	ім'я́	імена́
I.	і́менем (ім'я́м)	імена́ми
L.	(у) і́мені	(у) імена́х

Neben **ім'я́** ist auch die Form **іме́ння** möglich. Sie ist allerdings weniger gebräuchlich.

3.2 **Adjektiv** (ukr. прикме́тник)

① Mit Adjektiven (Eigenschaftswörtern) werden Eigenschaften, Merkmale und ähnliches bezeichnet.

② Adjektive werden traditionell in Qualitäts-, Beziehungs- und Possessivadjektive eingeteilt.

a) Qualitätsadjektive benennen eine Eigenschaft direkt:

стара́ маши́на *ein altes Auto*
широ́ке по́ле *ein weites Feld*

b) Beziehungsadjektive bezeichnen eine Eigenschaft durch Bezug auf einen anderen Begriff:

шокола́дні цуке́рки *Schokoladenbonbons*
кам'яни́й буди́нок *Steinhaus*

Häufig entspricht dem ukrainischen Beziehungsadjektiv im Deutschen das Bestimmungswort in einem zusammengesetzten Substantiv.

c) Possessivadjektive weisen auf die Zugehörigkeit zu einer Person hin:

лі́карів рад *ärztlicher Rat*
се́стрина кімна́та *Schwesters Zimmer*

③ Adjektive verfügen über die grammatischen Kategorien Genus (Geschlecht), Kasus (Fall), Numerus (Zahl) und Komparationsstufe (Steigerungsstufe).

④ Adjektive stehen mit dem Substantiv in Genus, Kasus und Numerus in Übereinstimmung (N. розу́мна люди́на *ein gescheiter Mensch*, G. розу́мної люди́ни, D. розу́мній люди́ні …).

⑤ Nach dem Stammauslaut werden Adjektive in zwei Gruppen eingeteilt, in eine harte und in eine weiche Gruppe. Die Gruppe mit hartem Stammauslaut ist die weitaus häufigere.

3.2.1 Gruppe der harten Adjektive

Musterwort: висо́кий *hoch*

Singular				
	m.		n.	f.
N.	висо́кий		висо́ке	висо́ка
G.		висо́кого		висо́кої
D.		висо́кому		висо́кій
A.	висо́кий		висо́ке	висо́ку
I.		висо́ким		висо́кою
L.		(на) висо́кім (висо́кому)		висо́кій

Plural	
N.	висо́кі
G.	висо́ких
D.	висо́ким
A.	висо́кі
I.	висо́кими
L.	(на) висо́ких

3.2.2 Gruppe der weichen Adjektive

Bei Adjektiven der weichen Gruppe endet der Stamm meist auf weiches **н**:

си́ній *blau* | пі́зній *spät* | кра́йній *letzte* | майбу́тній *zukünftig*

Der Stamm kann allerdings auch auf **j´** (ї´) auslauten:

безкра́їй *endlos*

Musterwort: ни́жній *niedrig*

Singular				
	m.		n.	f.
N.	ни́жній		ни́жнє	ни́жня
G.		ни́жнього		ни́жньої
D.		ни́жньому		ни́жній
A.	ни́жній		ни́жнє	ни́жню
I.		ни́жнім		ни́жньою
L.		(на) ни́жнім (ни́жньому)		ни́жній

Plural	
N.	ни́жні
G.	ни́жніх
D.	ни́жнім
A.	ни́жні
I.	ни́жніми
L.	ни́жніх

Lokativ (Präpositiv)

Im Lokativ wird neben der Endung **-им (-ім)** auch die Endung **-ому (-ьому)** des Dativs verwendet.

3.2.3 Lang- und Kurzform des Adjektivs

① Das ukrainische Adjektiv wird in der Kurzform (verkürzten Langform) in folgenden Formen gebraucht:

N.+ A. Sg. n.	корóтке	*kurz*
N. Sg. f.	корóтка	
A. Sg. f.	корóтку	
N. Pl.	корóткі	

② Erstarrte Langformen bei den Feminina und den Neutra sind heute noch im Nominativ und Akkusativ möglich, allerdings sind sie überaus selten und im wesentlichen auf die Poesie beschränkt, da sie um eine Silbe länger sind. In älteren Texten sind sie häufiger zu finden:

N. дóбрая (statt дóбра), A. дóбрую (statt дóбру)

③ Die maskulinen Langformen werden sowohl attributiv als auch prädikativ verwendet:

Зелéний гай шумúть. *Der grüne Hain rauscht.*
Гай – зелéний. *Der Hain ist grün.*

3.2.4 Possessivadjektive

① Echte Kurzformen stehen nur im N. Sg. m. der possessiven Adjektive:

бáтьків заповíт *Vaters Vermächtnis*
Оксáнин чоловíк *Oksanas Mann*

② Bei femininen Possessivadjektiven steht das Suffix **-ин-** bzw. **-їн-** im Stammauslaut:

сестрá → сéстрин, -а, -е, -і
Марíя → Марíїн, -а, -е, -і

③ Bei maskulinen Possessivadjektiven steht das Suffix **-ів- (-їв-)** im Stammauslaut:

ба́тько → ба́тьків, ба́тьк-ов-а, -е, -і
син → си́нів, си́н-ов-а, -е, -і
Петро́ → Петр-і́в, Петр-о́в-а, -е, -і

④ Bei manchen ukrainischen Familiennamen lautet die Form des possessiven Adjektivs genau so wie der Nominativ des Namens:

Ковалі́в Familienname *Kovaliv*
ковалі́в Possessivadjektiv

⑤ Um gleichlautende (homonyme) Formen zu vermeiden und damit Eindeutigkeit herzustellen, werden die beiden Formen im Genitiv unterschieden:

Ковале́ва G. des Familiennamens
ковалі́ва G. des Possessivadjektivs

⑥ Bei einigen wenigen Adjektiven kann neben der Langform im N. Sg. m. auch eine Kurzform benutzt werden:

пе́вний / пе́вен *sicher*
Я не пе́вний (пе́вен), що це са́ме так. *Ich bin nicht sicher, dass das wirklich so ist.*

3.2.5 Komparativ und Superlativ

3.2.5.1 Komparativbildung

① Nur von Qualitätsadjektiven lässt sich ein Komparativ (Steigerungsstufe) bilden.

② Der Komparativ wird meist durch das Suffix **-іш** im Stammauslaut gebildet.

те́плий *warm* → теплі́ший
пі́зній *spät* → пізні́ший
нови́й *neu* → нові́ший

③ Daneben gibt es auch eine Komparativbildung mit dem Suffix **-ш**, die zwar viel seltener als diejenige mit **-іш** auftritt, allerdings handelt es sich dabei um Wörter, die häufig verwendet werden. Das Suffix **-ш** wird oft durch ein davorstehendes **ж** zu einem **ч** und ist deshalb nicht unbedingt als solches zu erkennen. *Beispiele:*

дороги́й *teuer* → дорог + ш + ий → доро́жчий
ду́жий *kräftig* → ду́жчий
низьки́й *niedrig* → ни́жчий

④ Anwendung

Bei Vergleichen stehen oftmals die Partikeln **ніж**, **від** oder **за**:

- Він ста́рший за ме́не на два ро́ки. *Er ist zwei Jahre älter als ich.*
  за + A.
- Він ста́рший ніж я (на два ро́ки).
  ніж + N.
- Він ста́рший від ме́не на два ро́ки.
  від + G.

3.2.5.2 Analytische Komparativbildung

Es besteht im Ukrainischen auch die Möglichkeit den Komparativ analytisch zu bilden (also mit mehr als einem Wort). Diese Bildungsweise ist aber deutlich weniger produktiv als die synthetische Komparation. *Beispiele:*

більш си́льний *mehr stark* → *stärker*
менш си́льний *weniger stark* → *schwächer*

3.2.5.3 Unregelmäßige Komparativformen

Wie in allen anderen indogermanischen Sprachen gehören auch im Ukrainischen eine Vielzahl sehr häufig gebrauchter Adjektive zu denjenigen, deren Komparativbildung unregelmäßig ist. Sie stellen also Ausnahmen dar. *Beispiele:*

близьки́й *nah*	→	бли́жчий
вузьки́й *eng*	→	ву́жчий
тяжки́й *schwer*	→	тя́жчий
висо́кий *hoch*	→	ви́щий
стари́й *alt*	→	ста́рший, старі́ший
бага́тий *reich*	→	бага́тший, багаті́ший
широ́кий *breit*	→	ши́рший
ти́хий *ruhig*	→	ти́хший, тихі́ший
глибо́кий *tief*	→	гли́бший
дале́кий *weit*	→	да́льший
товсти́й *dick*	→	то́вщий, товсті́ший
га́рний *schön*	→	кра́щий
вели́кий *groß*	→	бі́льший
пога́ний *schlecht*	→	гі́рший
мали́й *klein*	→	ме́нший

3.2.5.4 *Superlativbildung*

① Den Superlativ (höchste Steigerungsstufe) erhält man, indem man die Partikel **най** vor die Form des Komparativs setzt. *Beispiele:*

те́плий → теплі́ший → найтеплі́ший *wärmste*
ду́жий → ду́жчий → найду́жчий *kräftigste*
бага́тий → бага́тший → найбага́тший *reichste*

② Außerdem gibt es noch Formen, die eine gewisse Verstärkung symbolisieren. Sie werden mit Hilfe der Partikeln **як** und **що** gebildet, die der Superlativform noch vorangestellt werden. Diese expressiven Formen lassen sich mit den deutschen *aller-Formen* gut vergleichen. *Beispiele:*

якнайсильні́ший *der allerstärkste*
щонайсильні́ший

якнайхолодні́ший *der allerkälteste*
щонайхолодні́ший

3.3 Pronomen (ukr. займе́нник)

① Das Pronomen steht für ein Wort anderer Wortarten (Substantiv, Adjektiv). Es dient dazu, Wiederholung zu vermeiden, stilistische Differenzierungsmöglichkeiten zu schaffen und ist für die Sprachökonomie von großer Bedeutung.

② Das Pronomen hat eine hinweisende Funktion. Wenn Substantive, Adjektive oder Numerale Personen, Gegenstände, Mengen oder Zeichen beschreiben, so weist es auf diese nur hin.

3.3.1 Personalpronomen

	Singular				Plural		
	1. Ps.	2. Ps.	3. Ps. m. (n.)	3. Ps. f.	1. Ps.	2. Ps.	3. Ps.
N.	я *ich*	ти *du*	він *er* воно́ *es*	вона́ *sie*	ми *wir*	ви *ihr*	вони́ *sie*
G.	мене́	тебе́	його́	її́	нас	вас	їх
D.	мені́	тобі́	йому́	їй	нам	вам	їм
A.	мене́	тебе́	його́	її́	нас	вас	їх
I.	мно́ю	тобо́ю	ним	не́ю	на́ми	ва́ми	ни́ми
L.	(на) мені́	(на) тобі́	(на) ньо́му, нім	(на) ній	(на) нас	(на) вас	(на) них

Beispiele: Я їх не зна́ю. *Ich kenne sie nicht.*
Він подарува́в їй троя́нду. *Er schenkte ihr eine Rose.*
Ми вчо́ра його́ ба́чили. *Wir sahen ihn gestern.*

3.3.2 Reflexivpronomen

N.	–
G.	себе́
D.	собі́
A.	себе́
I.	собо́ю
L.	(на) собі́

Beispiele:
Він взяв мене́ з собо́ю. *Er nahm mich mit sich.*
Я ле́две стри́мав себе́. *Ich konnte mich kaum zurückhalten.*

3.3.3 Possessivpronomen

①

мій *mein*	твій *dein*	його́ *sein*	її́ *ihr*	наш *unser*	ваш *euer*	їх (ї́хній) *ihr*
моя́	твоя́			на́ша	ва́ша	ї́хня
моє́	твоє́			на́ше	ва́ше	ї́хнє
мої́	твої́			на́ші	ва́ші	ї́хні

Die Possessivpronomen (1. und 2. Person Singular und Plural) sind deklinierbar. Die 3. Person (Singular und Plural) wird nicht dekliniert.

②

	Singular			
	m.		n.	f.
N.	мій		моє́	моя́
G.		мого́		моє́ї
D.		моє́му		мої́й
A.	мій (=N.) мого́ (=G.)		моє́	мою́
I.		мої́м		моє́ю
L.		(на) моє́му, мої́м		(на) мої́й

	Plural
N.	мої́
G.	мої́х
D.	мої́м
A.	мої́ (=N.) мої́х (=G.)
I.	мої́ми
L.	(на) мої́х

③ Nach diesem Muster werden auch **твій** *dein*, **свій** *sein eigenes* (immer auf den Handlungsträger bezogen) dekliniert. *Beispiele:*

Я зроби́в мою́ (свою́) робо́ту. *Ich habe meine Arbeit erledigt.*
Тут лежи́ть твій зо́шит. *Hier liegt dein Heft.*
Він до́бре зна́є свого́ дру́га. *Er kennt seinen Freund gut.*

④

	Singular			Plural
	m.	n.	f.	
N.	наш	на́ше	на́ша	N. на́ші
G.	на́шого		на́шої	G. на́ших
D.	на́шому		на́шій	D. на́шим
A.	наш (=N.) на́шого (=G.)	на́ше	на́шу	A. на́ші (=N.) на́ших (=G)
I.	на́шим		на́шою	I. на́шими
L.	(на) на́шому (на́шім)		(на) на́шій	L. (на) на́ших

Nach diesem Muster wird auch **ваш** *euer* dekliniert.

⑤ **Ї́хній, ї́хня, ї́хнє, ї́хні** *ihr* wird wie ein Adjektiv der weichen Gruppe dekliniert. *Beispiele:*

Наш син є га́рний у́чень. *Unser Sohn ist ein guter Schüler.*
Де ї́хній кіт? *Wo ist ihre Katze?*

3.3.4 Demonstrativpronomen

① цей *dieser* | це *dieses* | ця *diese* | ці *diese*

	Singular			Plural
	m.	n.	f.	
N.	цей	це	ця	N. ці
G.	цього́		ціє́ї	G. цих
D.	цьому́		цій	D. цим
A.	цей (=N.) цього́ (=G.)	це	цю	A. ці (=N.) цих (=G.)
I.	цим		ціє́ю	I. ци́ми
L.	(на) цьо́му, цім		(на) цій	L. (на) цих

② той *jener* | те (то) *jenes* | та *jene* | ті *jene*

Singular				Plural
	m.	n.	f.	
N.	той	те (то)	та	N. ті
G.	того́		тієї	G. тих
D.	тому́			D. тим
A.	той (=N.) того́ (=G.)	те (то)	ту	A. ті (=N.) тих (=G.)
I.	тим		тією	I. ти́ми
L.	(на) то́му (тім)		(на) тій	L. (на) тих

Beispiele:

Цього́ я нія́к не чека́в. *Das habe ich überhaupt nicht erwartet.*
На тім ми й поріши́ли. *So haben wir das auch beschlossen.*

3.3.5 Indefinitpronomen

Musterwörter: весь, вся, все *ganz* | всі *alle*

Singular				Plural
	m.	n.	f.	
N.	весь	все	вся	N. всі
G.	всього́		всієї	G. всіх
D.	всьому́		всій	D. всім
A.	весь (=N.) всього́ (=G.)	все	всю	A. всі (=N.) всіх (=G.)
I.	всім		всією	I. всіма́
L.	(на) всьо́му (всім)		(на) всій	L. (на) всіх

Beispiele:

Весь день я пови́нен був працюва́ти. *Den ganzen Tag lang musste ich arbeiten.*
Всі зна́ють, де він ме́шкає. *Alle wissen, wo er wohnt.*

3.3.6 Interrogativ- und Relativpronomen

① Хто? *wer* | що? *was*

N.	хто	що
G.	когó	чогó
D.	комý	чомý
A.	когó	що
I.	ким	чим
L.	(на) кóму	(на) чóму (на) чім

Beispiele:

Що це такé? *Was ist das?*
Хто це такúй? *Wer ist das?*

② Чий, чиє́, чия́, чиї́ *wessen*

Singular					
	m.		n.	f.	
N.	чий		чиє́	чия́	
G.		чийóго		чиє́ї	
D.		чийóму		чиї́й	
A.	чий (=N.)	чийóго (=G.)	чиє́	чию́	
I.		чиї́м		чиє́ю	
L.	(на) чийóму (чиє́му, чиї́м)			(на) чиї́й	

Plural	
N.	чиї́
G.	чиї́х
D.	чиї́м
A.	чиї́ (=N.) чиї́х (=G.)
I.	чиї́ми
L.	(на) чиї́х

Beispiele:

Чий це олівéць? *Wessen Bleistift ist das?*
Чия́ вонá сестрá? *Wessen Schwester ist sie?*
Чиї́ це нóжиці? *Wessen Schere ist das?*

③ Скільки *wie viel* | стільки *soviel*

N.	скільки	стільки
G.	скількóх	стількóх
D.	скількóм	стількóм
A.	скільки	стільки
I.	скількомá	стількомá
L.	(на) скількóх	(на) стількóх

Beispiele:

Скільки осіб там булó?
Wie viele Personen waren dort?
Скільки дітéй, стільки шкіл у місті.
Je mehr Kinder es gibt, desto mehr Schulen sind in der Stadt.

3.3.7 Negativpronomen

① Ніхтó *niemand* | ніщó *nichts*

N.	ніхтó	ніщó
G.	нікóго	нічóго
D.	нікóму	нічóму
A.	ніхтó, нікóго	ніщó, нічóго
I.	нікúм	нічúм
L.	ні на кóму	ні на чóму (чім)

Beispiele:

У цьóму мíсті ніхтó менé не знáє. *In dieser Stadt kennt mich niemand.*
Я ні з ким не говорúв про тéбе. *Ich habe mit niemandem über dich gesprochen.*
На вýлицях нікóго не булó вúдно. *Auf den Straßen war niemand zu sehen.*

② Andere Negativpronomen (нія́кий *niemand*, нічúй *niemand*) werden wie die entsprechenden Adjektive dekliniert.

3.4 Numerale (ukr. числíвник)

Numerale (Zahlwörter) werden in Kardinalzahlen (Grundzahlwörter), Kollektivzahlen und Ordinalzahlen (Ordnungszahlwörter) eingeteilt.

3.4.1 Kardinalzahlen

① Kardinalzahlen (Grundzahlwörter) geben die mathematisch genaue Anzahl oder Menge von Personen oder Gegenständen an und treten nur in Verbindung mit Substantiven auf. *Beispiele:*

сім чúсел *sieben Ziffern*
двáдцять кіломéтрів *zwanzig Kilometer*

② Kardinalzahlen von eins bis eine Milliarde

1	оди́н, одна́, одне́	11	одина́дцять
2	два, дві	12	двана́дцять
3	три	13	трина́дцять
4	чоти́ри	14	чотирна́дцять
5	п'ять	15	п'ятна́дцять
6	шість	16	шістна́дцять
7	сім	17	сімна́дцять
8	ві́сім	18	вісімна́дцять
9	де́в'ять	19	дев'ятна́дцять
10	де́сять	20	два́дцять

10	де́сять	100	сто	1000	ти́сяча
20	два́дцять	200	двісті	2000	дві ти́сячі
30	три́дцять	300	три́ста	5000	п'ять ти́сяч
40	со́рок	400	чоти́риста	1 Million	мільйо́н
50	п'ятдеся́т	500	п'ятсо́т	1 Milliarde	мілья́рд
60	шістдеся́т	600	шістсо́т		
70	сімдеся́т	700	сімсо́т		
80	вісімдеся́т	800	вісімсо́т		
90	дев'яно́сто	900	дев'ятсо́т		

③ Bei Zahlen über 20 folgt der Zehnerzahl die Einerzahl:

23 два́дцять три
49 со́рок де́в'ять
67 шістдеся́т сім

④ Bei Zahlen über 100 folgt der Hunderterzahl die Zehnerzahl und die Einerzahl:

136 сто три́дцять шість
448 чоти́риста со́рок ві́сім
793 сімсо́т дев'яно́сто три

⑤ Nach 1 steht das Substantiv, das sich auf diese Zahl bezieht, im N. Sg.:

оди́н брат *ein Bruder*
одне́ вікно́ *ein Fenster*
одна́ годи́на *eine Stunde*
одна́ маши́на *ein Auto*

Das Zahlwort 1 (оди́н, одна́, одне́) richtet sich dabei nach dem Genus des Substantivs.

⑥ Nach **2, 3, 4** steht das Substantiv, das sich auf eine dieser Zahlen bezieht, im **N. Pl.** *Beispiele:*

два бра́ти *zwei Brüder*
дві годи́ни *zwei Stunden*
три столи́ *drei Tische*
чоти́ри маши́ни *vier Autos*

Das Zahlwort 2 (два für m. und n., дві für f.) richtet sich dabei nach dem Genus (Geschlecht) des Substantives.

⑦ Ab dem Zahlwort 5 stehen alle Substantive, die sich auf diese Zahlwörter beziehen, im G. Pl. *Beispiele:*

п’ять братів *fünf Brüder*
шість годи́н *sechs Stunden*
сім столів *sieben Tische*
вісім маши́н *acht Autos*

⑧ Bei mehrgliedrigen Zahlen richtet sich die Form des Substantivs, das sich auf diese Zahl bezieht, nach der letzten Ziffer der Zahl. *Beispiele:*

123 Tische сто два́дцять три столи́ (N. Pl.)
435 Autos чоти́риста три́дцять п’ять маши́н (G. Pl.)
221 Bücher двісті два́дцять одна́ кни́жка (N. Sg.)
874 Schüler вісімсо́т сімдеся́т чоти́ри школярі́ (N. Pl.)
aber: *875, 876 ...* вісімсо́т сімдеся́т п’ять, шість ... школярів (G. Pl.)

3.4.1.1 Angabe von Personen und Jahren

① Um eine bestimmte Anzahl von Menschen anzugeben, verwendet man das Wort особа (Person). Je nach der Anzahl erscheint es im N. Sg., im N. Pl. oder im G. Pl.

- bei 1: одна́ осо́ба *eine Person*
- bei 2, 3, 4: дві *zwei* | три *drei* | чоти́ри *vier* осо́би *Personen*
- ab 5: п’ять осі́б *fünf Personen*

② Bei der Angabe von Jahren wird das Wort рік *Jahr* nach der jeweiligen Anzahl im N. Sg., N. Pl. oder G. Pl. verwendet.

- bei 1: оди́н рік *ein Jahr* (N. Sg.)
- bei 2, 3, 4: два *zwei* (N. Pl.) | три *drei* | чоти́ри *vier* | ро́ки *Jahre*
- ab 5: п’ять ро́ків *fünf Jahre* (G. Pl.)

- bei Zehnerzahlen:

  21 рік; 22, 23, 24 роки; 25, 26 … років
  31 рік; 32, 33, 34 роки; 35, 36 … років

3.4.1.2 Unbestimmte Zahlwörter

багáто	*viele*
небагáто	*nicht viele*
кíлька	*einige*
дéкілька	*einige*

Bei unbestimmten Zahlwörtern steht das Substantiv, das sich auf diese bezieht, im G. Pl. *Beispiele:*

багáто грошéй *viel Geld*
небагáто людéй *einige (wenige) Menschen*
дéкілька рóків томý *vor einigen Jahren*

3.4.1.3 Deklination der Kardinalzahl 1 (*одúн, однé, однá, одні́*)

①

Singular				Plural	
	m.	n.	f.		
N.	одúн	однé	однá	N.	одні́
G.	однóго		одніє́ї, однóї	G.	однúх
D.	однóму		одні́й	D.	однúм
A.	одúн (=N.) однóго (=G.)	однé	однý	A.	одні́
I.	однúм		одніє́ю	I.	однúми
L.	(на) однóму (одні́м)		(на) одні́й	L.	(на) однúх

② Bei eingen Wortverbindungen mit **одúн** fällt die Betonung stets auf das erste **о**:

одúн óдного *gegenseitg*, одúн óдному *einer dem anderen*, одúн óдним *einer für den anderen*, одúн до óдного *einer zum anderen*, одúн по óдному *einer nach dem anderen*, ні óдного *kein einziger*, ні óдному *keinem einzigen*.

<u>Одúн по óдному</u> вони покидáли зал.
Sie verließen einer nach dem anderen den Saal.

<u>Ні óдному</u> не дістáлось те, про що він мрíяв.
Keiner erreichte das, wovon er geträumt hat.

3.4.1.4 *Deklination der Kardinalzahlen 2 (два, дві), 3 (три), 4 (чотúри) sowie von обúдва (beide)*

N.	два (дві)	обúдва, обúдві	три	чотúри
G.	двох	обóх	трьох	чотирьóх
D.	двом	обóм	трьом	чотирьóм
A.	два (дві)	обúдва, обúдві	три	чотúри
I.	двомá	обомá	трьомá	чотирмá
L.	(на) двох	(на) обóх	(на) трьох	(на) чотирьóх

3.4.1.5 *Deklination der Kardinalzahlen 5 (п'ять), 7 (сім), 8 (вíсім)*

Bei der Deklination der folgenden Kardinalzahlen gibt es Varianten. Es kann stets entweder die Form der Zahl verwendet werden, die vor dem Schrägstrich steht, oder die Form, die dahinter angeführt wird.

N.	п'ять	сім	вíсім
G.	п'ятú / п'ятьóх	семú / сімóх	восьмú / вісьмóх
D.	п'ятú / п'ятьóм	семú / сімóм	восьмú / вісьмóм
A.	п'ять / п'ятьóх	сім / сімóх	вíсім / вісьмóх
I.	п'ятьмá / п'ятьомá	сьомá / сімомá	вісьмá / вісьмомá
L.	(на) п'ятú / п'ятьóх	(на) семú / сімóх	(на) восьмú / вісьмóх

3.4.1.6 *Deklination der Kardinalzahl 11 (одинáдцять)*

N.	одинáдцять
G.	одинáдцяти / одинадцятьóх
D.	одинáдцяти / одинадцятьóм
A.	одинáдцять / одинадцятьóх
I.	одинáдцятьма / одинадцятьóма
L.	(на) одинáдцяти / одинадцятьóх

Nach diesem Muster werden alle Zahlen von 11 bis 19 dekliniert.

3.4.1.7 Deklination der Kardinalzahlen 100 (сто), 200 (двісті), 500 (п'ятсóт)

N.	сто	двісті	п'ятсóт
G.	ста	двохсóт	п'ятисóт
D.	ста	двомстáм	п'ятистáм
A.	сто	двісті	п'ятсóт
I.	ста	двомастáми	п'ятьмастáми (п'ятьомастáми)
L.	(на) ста	(на) двохстáх	(на) п'ятистáх

3.4.2 Kollektivzahlen

Kollektivzahlen bezeichnen eine unteilbare Anzahl oder Menge von Personen oder Gegenständen. *Beispiele:*

2	двóє	8	вóсьмеро
3	трóє	9	дéв'ятеро
4	чéтверо	10	дéсятеро
5	п'ятеро	11	одинáдцятеро
6	шéстеро	12	дванáдцятеро
7	сéмеро	13	тринáдцятеро

① Bei den Kollektivzahlen steht das Substantiv, auf das sie sich beziehen, stets im G. Pl. Diese Form wird bei Personen zur Angabe der Anzahl verwendet. *Beispiele:*

Нас чéтверо. *Wir sind zu viert.*
У нéї двóє дітéй. *Sie hat zwei Kinder.*
Трóє облúч повернýлось до мéне. *Drei Gesichter drehten sich zu mir herüber.*
Двóє подрýжжя рáзом святкувáли ювілéй.
Zwei Ehepaare feierten zusammen ihr Jubiläum.

② Mit den Kollektivzahlen werden die Pluralia tantum (Wörter, die nur im Plural stehen können) mengenmäßig angegeben. *Beispiele:*

двóє окулярів *zwei Brillen* (окуляри wird nur im Plural verwendet)
трóє нóжиць *drei Scheren* (нóжиці wird nur im Plural verwendet)

3.4.3 Ordinalzahlen

Ordinalzahlen (Ordnungszahlwörter) bezeichnen die Anzahl von Personen oder Gegenständen nach ihrer hierarchischen Ordnung.

1.	пéрший	11.	одинáдцятий
2.	дрýгий	12.	дванáдцятий
3.	трéтій	13.	тринáдцятий
4.	четвéртий	14.	чотирнáдцятий
5.	п'я́тий	15.	п'ятнáдцятий
6.	шóстий	16.	шістнáдцятий
7.	сьóмий	17.	сімнáдцятий
8.	вóсьмий	18.	вісімнáдцятий
9.	дев'я́тий	19.	дев'ятнáдцятий
10.	деся́тий	20.	двадця́тий

10.	деся́тий	100.	сóтий	1000.	ти́сячний
20.	двадця́тий	200.	двóхсотий	2000.	двохти́сячний
30.	тридця́тий	300.	трьóхсотий	1 millionste	мільйóний
40.	сорокóвий	400.	чотирьóхсотий	1 milliardste	мілья́рдний
50.	п'ятдеся́тий	500.	п'ятсóтий		
60.	шістдеся́тий	600.	шістсóтий		
70.	сімдеся́тий	700.	сімсóтий		
80.	вісімдеся́тий	800.	вісімсóтий		
90.	дев'янóстий	900.	дев'ятсóтий		

① Ordinalzahlen werden vom Stamm der Grundzahlwörter abgeleitet (außer пéрший *der erste* und дрýгий *der zweite*) und weisen die Endung der harten Adjektive auf (Ausnahme: **трéтій** *der dritte*, das die Endung der weichen Adjektive hat). *Beispiele:*

шóстий *der sechste* | деся́тий *der zehnte*

② Ordinalzahlen werden wie Adjektive dekliniert und stimmen in Genus (Geschlecht), Kasus (Fall) und Numerus (Zahl) mit dem Substantiv überein, auf das sie sich beziehen. *Beispiele:*

четве́рта зупи́нка *die vierte Haltestelle*
дру́гий рік *das zweite Jahr*
сьо́мий том *der siebte Band*
во́сьмий клас *die achte Klasse*

③ Bei mehrgliedrigen Zahlen nimmt nur die letzte Ziffer die Form einer Ordinalzahl an. *Beispiele:*

два́дцять тре́тій авто́бус *der Bus der Linie 23 (wörtlich: der 23. Bus)*
три́дцять п'я́тий по́верх *das 35. Stockwerk*

④ Nur diese letzte Ziffer ist es auch, die dekliniert wird. *Beispiele:*

на три́дцять п'я́тому по́версі *im 35. Stockwerk*
(Ordinalzahl und Substantiv erscheinen im Lokativ)
у двохти́сяча четве́ртому ро́ці *im Jahre 2004* (wörtlich: *im 2004. Jahr*)

3.5 Verb (ukr. дієсло́во)

3.5.1 Infinitiv

Der Infinitiv endet gewöhnlich auf **-ти**. *Beispiele:*

пита́ти *fragen,* зна́ти *wissen*, спа́ти *schlafen*

Nur in der Poesie und in der Umgangssprache trifft man auf die Endung **-ть** (palatalisiertes t). *Beispiele:*

співа́ть *singen*
знать *wissen*

3.5.2 Das Verb бу́ти im Präsens

① Das Verb **бу́ти** *sein* besitzt im Präsens nur eine Form für Singular und Plural – **є** (*ist, sind, es gibt*). *Beispiele:*

Тут є студе́нт. *Hier ist ein Student.*
Там є парк. *Dort gibt es einen Park (dort ist ein Park).*

② Die entsprechende negative Form lautet **нема́(є)**. *Beispiel:*

Тут ще є садки́, а там уже́ нема́є. *Hier gibt es noch Gärten, dort bereits nicht mehr.*

3.5.3 Das Präsens der e-Konjugation (I)

① Nach ihren Personalendungen im Präsens werden die Verben in zwei Gruppen eingeteilt: Verben der **e**-Konjugation (I) und Verben der **и**-Konjugation (II).

② Die Verben der **e**-Konjugation (I) im Präsens. *Beispiele:*

везти́ *transportieren* | гуля́ти *spazieren gehen*

Ps.	Singular		Plural	
1.	вез-**ý**	гуля́-**ю**	вез **-емó**	гуля́ **-ємо**
2.	вез **-éш**	гуля́ **-єш**	вез **-ετé**	гуля́ **-єте**
3.	вез **-é**	гуля́ **-є**	вез **–ýть**	гуля́ **-ють**

③ Die Endungen **-у**, **-еш**, **-е**, **-емо**, **-ете**, **-уть** treten bei Stammauslaut auf harten Konsonanten auf und die Endungen **-ю**, **-єш**, **-є**, **-ємо**, **-єте**, **-ють** bei Stammauslautung auf Vokal.

④ Darüber hinaus werden eine Reihe von Verben unregelmäßig nach der e-Konjugation (I) gebeugt. *Beispiele:*

бра́ти *nehmen* | жи́ти *leben* | писа́ти *schreiben* | зва́ти *rufen* | смія́тися *lachen*

берý	живý	пишý	звý	сміюсь
берéш	живéш	пи́шеш	звéш	смієшся
берé	живé	пи́ше	звé	сміється
беремó	живемó	пи́шемо	звемó	сміємóсь
беретé	живетé	пи́шете	звeтé	сміетéсь
берýть	живýть	пи́шуть	звýть	сміются

⑤ Verben wie beispielsweise **суму-вá-ти** *traurig sein,* **да-вá-ти** *geben,* **буду-вá-ти** *bauen,* **ліку-вá-ти** *behandeln, heilen,* **спі-вá-ти** *singen* mit dem Infinitivsuffix **-ва** werden auch nach der e-Konjugation (I) gebeugt (bei den Verben dieser Gruppe fällt das Suffix **-ва** im Präsens oftmals aus). *Beispiele:*

співáти *singen* | давáти *geben* | будувáти *bauen*

Ps.	Singular			Plural		
1.	спі**вáю**	даю́	буду́ю	спі**вáємо**	даємó	буду́ємо
2.	спі**вáєш**	даєш	буду́єш	спі**вáєте**	даєтé	буду́єте
3.	спі**вáє**	даé	буду́є	спі**вáють**	даю́ть	буду́ють

3.5.4 Das Präsens der и-Konjugation (II)

① Die Verben der **и**-Konjugation (II) mit Stammauslaut auf Konsonanten haben im Präsens die Endungen **-у** (**-ю**), **-иш**, **-ить**, **-имо**, **-ите**, **-ять**.

② Die Verben mit Stammauslaut auf einen Vokal haben im Präsens die Endungen **-у** (**-ю**), **-їш**, **-їть**, **-їмо**, **-їте**, **-ять**. Wobei manchmal die Vokale **-и**, **-і**, **-а**, **-я** (бáч-и-ти *sehen*, сид-í-ти *sitzen*, мовч-á-ти *schweigen*, сто-я́-ти *stehen*) als Suffixe auftreten und die Personalendungen an den Verbalstamm angefügt werden.

Beispiele:
мовчáти *schweigen* | стоя́ти *stehen*

Ps.	Singular		Plural	
1.	мовч-**ý**	сто-**ю́**	мовч-**имó**	сто-**їмó**
2.	мовч-**и́ш**	сто-**ї́ш**	мовч-**итé**	сто-**їтé**
3.	мовч-**и́ть**	сто-**ї́ть**	мовч-**áть**	сто-**я́ть**

③ Darüber hinaus werden einige Verben unregelmäßig nach der и-Konjugation (II) gebeugt. *Beispiele:*

сидíти *sitzen* | люби́ти *lieben*

Ps.	Singular		Plural	
1.	сид**ж**-ý	люб-**л**-ю́	сид-имó	лю́б-имо
2.	сид-и́ш	лю́б-иш	сид-итé	лю́б-ите
3.	сид-и́ть	лю́б-ить	сид-я́ть	лю́б-**л**-ять

3.5.4.1 Die Veränderungen im Verbalstamm des Präsens

① Die Konsonantenwechsel im Stamm des Verbs in der e-Konjugation (I)

immer:	
г → ж	берег-ти́ *bewahren*: бережу́, береже́ш, береже́ …
к → ч	пла́ка-ти *weinen*: пла́чу, пла́чеш, пла́че …
х → ш	колиха́-ти *schaukeln, wiegen*: колишу́, коли́шеш, коли́ше …
manchmal:	
з → ж	в'яза́ти *binden, stricken*: в'яжу́, в'я́жеш …
с → ш	писа́ти *schreiben*: пишу́, пи́шеш …
aber:	вез-ти́ *fahren, transportieren*: вез-у́, вез-е́ш …
	нес-ти́ *tragen*: нес-у́, нес-е́ш …

② In der и-Konjugation (II) (nur in der 1. Ps. Sg.)

д → дж	ходи́ти: ходж-у́ (хо́д-иш … хо́д-ять) *gehen*
т → ч	леті́-ти: леч-у́ (лет-и́ш … лет-я́ть) *fliegen*
з → ж	вози́ти: вож-у́ (во́з-иш … во́з-ять) *fahren, transportieren*
с → ш	носи́-ти: нош-у́ (но́с-иш … но́с-ять) *tragen*
зд → ждж	ї́здити: ї́ждж-у (ї́зд-иш … ї́зд-ять) *fahren*
ст → щ	рос-ти́: рощ-у́ (рост-и́ш … рост-я́ть) *wachsen*
aber:	
г → ж	бі́г-ти: біж-у́ (біж-и́ш … біж-а́ть) *laufen* (in allen Personen Sg. und Pl.)

③ Die Verben der и-Konjugation (II) mit Stammauslaut auf **б**, **п**, **в**, **ф**, **м** haben in der 1. Ps. Sg. und der 3. Ps. Pl. vor der Endung ein eingeschobenes **л** (epenthetisches l). *Beispiele:*

мо́вити *sprechen* | димі́ти *rauchen* | люби́ти *lieben* | графи́ти *linieren*

	Singular			Plural		
Inf. Präs.	**1. Ps.**	**2. Ps.**	**3. Ps.**	**1. Ps.**	**2. Ps.**	**3. Ps.**
мо́вити	мо́в-**л**-ю	мо́виш	мо́вить	мо́вимо	мо́вите	мо́в-**л**-ять
димі́ти	дим-**л**-ю́	дими́ш	дими́ть	димимо́	димите́	дим-**л**-я́ть
люби́ти	люб-**л**-ю́	лю́биш	лю́бить	лю́бимо	лю́бите	лю́б-**л**-ять
графи́ти	граф-**л**-ю́	графи́ш	графи́ть	графимо́	графите́	граф-**л**-я́ть

④ Manchmal finden andere Veränderungen im Stamm des Verbs statt. *Beispiele:*

бра́ти *nehmen* | зва́ти *nennen, heißen* | сла́ти *schicken, senden*

	Singular			Plural		
Inf. Präs.	**1. Ps.**	**2. Ps.**	**3. Ps.**	**1. Ps.**	**2. Ps.**	**3. Ps.**
бра́ти	беру́	бере́ш	бере́	беремо́	берете́	беру́ть
зва́ти	зву́	звеш	зве	звемо́	звете́	звуть
сла́ти	шлю	шлеш	шле	шлемо́	шлете́	шлю́ть

3.5.5 Das Präteritum

Den ukrainischen Formen des Präteritums stehen im Deutschen die Formen des Präteritums und des Perfekts gegenüber. *Beispiel:*

Він писа́в – *er schrieb, er hat geschrieben.*

① Die Verben im Präteritum werden nicht nach der Person, sondern nach dem Numerus (Zahl) und im Singular nach dem Genus (Geschlecht) verändert.

② Das Präteritum wird vom Infinitivstamm durch Anfügen des Suffix **-в** oder **-л** an den Infinitivstamm gebildet.

In der *maskulinen* Form erhalten die Verben mit Stammauslaut auf Vokal das Suffix **-в.**

In der *femininen* und *neutralen* Form und im *Plural* erhalten sie das Suffix **-л** und die entsprechenden Endungen **-а** (f.), **-о** (n.), **-и** (Pl.):

писа́-**в**, писа́-**л-а**, писа́-**л-о**, писа́-**л-и**

Beispiele:

бра́-ти *nehmen:* бра-в, бра́-л-а, -о, -и
мрія-ти *träumen:* мрія-в, мрія-л-а, -о, -и

③ Bei den Verben mit Stammauslaut auf Konsonanten fällt das Suffix **-в** in der maskulinen Form aus. *Beispiele:*

біг-ти *laufen*: біг, бігла, бігло, бігли
вез-ти́ *fahren*: віз, везла́, везло́, везли́

In der *maskulinen* Form tritt manchmal ein Vokalwechsel im Verbstamm auf:

о, е → **і**: р**о**с-ти́ *wachsen*: р**і**с н**е**с-ти́ *tragen:* н**і**с

Die Verben mit dem Suffix **-ся** werden im Präteritum genau so wie die Verben ohne **-ся** gebildet. *Beispiel:*

віта́тися *grüßen, begrüßen*

Infinitiv	Singular	Plural
віта́тися	він віта́вся вона віта́лася воно віта́лося	віта́лися

3.5.5.1 Das Verb *бу́ти* sein im Präteritum und im Futur

	Präteritum		Futur	
	Sg.	Pl.	Sg.	Pl.
m.	був	були́	1. бу́ду	бу́демо
f.	була́		2. бу́деш	бу́дете
n.	було́		3. бу́де	бу́дуть

3.5.5.2 Das Plusquamperfekt

① In einigen Grammatiken wird auf die Existenz eines Plusquamperfekts hingewiesen. Dieses drückt entweder Vorvergangenheit aus (wie im Deutschen) oder aber, dass eine Handlung bereits überaus lange zurückliegt.

Das Plusquamperfekt besteht aus dem Hilfsverb бýти *sein* und dem Hauptverb in der Form des Präteritums. *Beispiele:*

знáти *wissen, kennen* | зроби́ти *machen*

Sg.	був знав	був зроби́в
	булá знáла	булá зроби́ла
	булó знáло	булó зроби́ло
Pl.	були́ знáли	були́ зроби́ли

② Wegen seines überaus eingeschränkten Gebrauchs in der modernen ukrainischen Literatursprache soll hier nicht näher auf dieses Thema eingegangen werden.

3.5.6 Das Futur

3.5.6.1 Das Futur I

① Es gibt drei Formen für das Futur: zwei zusammengesetzte und eine einfache. Die beiden zusammengesetzten Futurformen werden vom unvollendeten Infinitiv (читáти *lesen*, писáти *schreiben*) gebildet. Das einfache Futur wird vom vollendeten Infinitiv (прочитáти, написáти) gebildet.

② Das zusammengesetzte Futur I wird durch Verbindung der Futurformen des Hilfsverbs **бýти** *sein* mit dem unvollendeten Infinitiv gebildet. Das Verb **бýти** hat im Futur die gleichen Endungen wie die Verben der e-Konjugation (I) im Präsens. *Beispiele:*

відпочивáти *sich erholen* | працювáти *arbeiten* | вчи́тися *studieren*

Ps.	Singular	Infinitiv	Plural	Infinitiv
1.	я бýд-у	відпочивáти	ми бýде-мо	відпочивáти
2.	ти бýд-еш	працювáти	ви бýде-те	працювáти
3.	він бýд-е	вчи́тися	вони́ бýду-ть	вчи́тися
	вонá бýд-е			

③ Das Futur I drückt aus, dass die Handlung stattfinden wird, es aber nicht bekannt ist, ob sie abgeschlossen werden wird. *Beispiele:*

За́втра я бу́ду відпочива́ти.	*Morgen werde ich mich erholen* *Morgen erhole ich mich.*
Влі́тку ми бу́демо працюва́ти.	*Im Sommer werden wir arbeiten.* *Im Sommer abeiten wir.*

3.5.6.2 Das Futur II

① Das ukrainische Futur II entspricht nicht dem deutschem Futur II.

② Das zusammengesetzte Futur II wird vom Infinitiv des unvollendeten Verbs (wie das Futur I) und den Personalendungen **-му**, **-меш**, **-ме**, **-мемо**, **-мете**, **-муть** gebildet. (Diese Personalendungen sind Kurzformen der alten Formen des Verbs **ймати** *haben*.)

③ Die Verben der e-Konjugation (I) und и-Konjugation (II) haben im Futur II die gleichen Endungen. *Beispiele:*

пита́ти *fragen* (I) | лежа́ти (II) *liegen*

		e-Konjugation (I)	и-Konjugation (II)
Sg.	я	пита́ти **-му**	лежа́ти **-му**
	ти	пита́ти **-меш**	лежа́ти **-меш**
	він	пита́ти **-ме**	лежа́ти **-ме**
	вона́		
	воно́		
Pl.	ми	пита́ти **-мемо**	лежа́ти **-мемо**
	ви	пита́ти **-мете**	лежа́ти **-мете**
	вони́	пита́ти **-муть**	лежа́ти **-муть**

④ Die Verben mit dem Suffix **-ся** werden genauso konjugiert, nur mit dem Suffix **-ть** in der 3. Pers. Sg.*! *Beispiele:*

одяга́тися I *sich anziehen* | вчи́тися II *studieren*

Ps.	Singular		Plural	
1.	одяга́ти-**му**-ся	вчи́ти-**му**-ся	одяга́ти-**мемо**-ся	вчи́ти -**мемо**-ся
2.	одяга́ти-**меш**-ся	вчи́ти-**меш**-ся	одяга́ти-**мете**-ся	вчи́ти -**мете**-ся
3.	одяга́ти-**меть**-ся*	вчи́ти-**меть**-ся	одяга́ти-**муть**-ся	вчи́ти -**муть**-ся

3.5.6.3 Das Futur III

① Das Futur III (das Futur vollendeter Verben) wird vom Infinitivstamm *vollendeter* Verben wie die Präsensformen unvollendeter Verben gebildet und wie die Präsensform unvollendeter Verben konjugiert. *Beispiele:*

зачека́ти I *warten* | звари́ти II *kochen*

		e-Konjugation (I)	и-Konjugation (II)
Sg.	я	зачека́ю	зварю́
	ти	зачека́єш	зва́риш
	він, вона́	зачека́є	зва́рить
Pl.	ми	зачека́ємо	зва́римо
	ви	зачека́єте	зва́рите
	воні́	зачека́ють	зва́рять

② Das Futur III drückt aus, dass die Handlung stattfinden und zu Ende geführt werden wird. *Beispiele:*

Макси́м закі́нчить свою́ робо́ту о п'ятій годи́ні.
Maxim wird seine Arbeit um fünf Uhr beenden.

Сього́дні він напи́ше тест.
Heute wird er einen Test schreiben.

3.5.7 Der Imperativ

① Der Imperativ hat im Ukrainischen die Formen der 2. Person Singular und Plural sowie der 1. Person Plural.

② Die Formen des Imperativs werden vom Präsensstamm der unvollendeten Verben bzw. vom Stamm des einfachen Futurs der vollendeten Verben gebildet.

③ Lautet der Präsensstamm auf Konsonanten aus, so hat der Imperativ die Flexionsendungen **-и**, **-імо**, **-іть**. Lautet der Präsensstamm auf Vokal aus, hat der Imperativ die Endungen **-й**, **-ймо**, **-йте**: *Beispiele:*

жи́ти *leben* прожи́ти | везти́ *fahren, bringen* привезти́ | співа́ти *singen* проспіва́ти

Infinitiv	3. Ps. Pl.	Imperativ
жи́ти	жив-у́ть	живи́! живі́мо! живі́ть!
прожи́ти	прожив-у́ть	проживи́! проживі́мо! проживі́ть!
везти́	вез-у́ть	вези́! везі́мо! везі́ть!
привезти́	привез-у́ть	привези́! привезі́мо! привезі́ть!
співа́ти	співа́-ють	співа́й! співа́ймо! співа́йте!
проспіва́ти	проспіва́-ють	проспіва́й! проспіва́ймо! проспіва́йте!

④ Von einzelnen Verben wird der Imperativ unregelmäßig gebildet. *Beispiele:*

бу́ти *sein* | ї́сти *essen* | рі́зати *schneiden*

бу́ти бу́д-уть → будь! бу́дьмо! бу́дьте!
ї́сти ї́д-ять → їж! ї́жмо! ї́жте!
рі́зати рі́ж-уть → ріж! рі́жмо! рі́жте!

⑤ In imperativischer Bedeutung kann хай (неха́й) *lass, mag, möge, soll* in Verbindung mit der 3. Person (Sg. und Pl.) des Präsens des betreffenden Verbs verwendet werden. Auch дава́й, дава́йте *willst du, wollen wir* in Verbindung mit dem Infinitiv drückt imperative Bedeutung aus. *Beispiele:*

хай (неха́й) чита́є, пи́ше (Sg.)!
хай (неха́й) чита́ють, пи́шуть (Pl.)!
дава́й (дава́йте) чита́ти, писа́ти!

3.5.8 Der Konjunktiv

① Der Konjunktiv bezeichnet eine Handlung, die unter bestimmten Bedingungen möglich oder erwünscht ist. *Beispiele:*

Я прочита́в би цю кни́жку, якщо́ мав би час.
Ich würde dieses Buch lesen, wenn ich Zeit hätte.

Було́ б га́рно поїхати влі́тку до мо́ря!
Es wäre schön, im Sommer an das Meer zu fahren.

② Die Formen des Konjunktivs vollendeter und unvollendeter Verben sind aus den Formen des Präteritums und der Partikel **би (б)** zusammengesetzt. Die Partikel **би** wird nach Konsonanten, die Partikel **б** nach Vokalen verwendet. Verb und Partikel werden stets getrennt geschrieben. *Beispiele:*

вивча́ти *studieren* ви́вчити: ви́вчив би, -ла б, -ло б, -ли б
hätte studiert, würde studieren

Mustersätze:
співа́ти *singen* | смія́тися *lachen*

	Genus	Person	Konjunktiv	
Sg.	m.	я, ти, він	співа́в-в би	смія́вся б
	f.	я, ти, вона́	співа́-л-а б	смія́лась би
	n.	воно́	співа́-л-о б	смія́лось би
Pl.	alle	ми, ви, вони́	співа́-л-и б	смія́лись би

③ Gewöhnlich steht **би (б)** hinter der Verbform; es kann aber auch einem anderen Wort nachgestellt sein, wenn dieses hervorgehoben werden soll. *Beispiele:*

Я цьо́го не сказа́в би. *Ich hätte das nicht gesagt.*
Я б цьо́го не сказа́в. *Ich hätte das nicht gesagt.*

④ Auf die Konjunktion **коли́** folgt **б** unmittelbar: **коли́ б**; mit den Konjunktionen **як, що** verschmilzt **би (б)** zu **якби́** *wenn, falls*, **щоб** *damit. Beispiele:*

Якби́ я це знав, я прийшо́в би.
Wenn ich das gewusst hätte, wäre ich gekommen.

Коли́ б він знав адре́су Богда́на, він написа́в би йому́.
Wenn er Bohdans Adresse wüsste (gewusst hätte), würde er ihm schreiben (hätte er ihm geschrieben).

3.5.8.1 Der Konjunktiv Perfekt

① Daneben gibt es im Ukrainischen noch eine weitere Form des Konjunktivs, die allerdings in der modernen Literatursprache nur noch sehr selten gebraucht wird. Es handelt sich dabei um einen Konjunktiv, der perfektische Bedeutung hat.

② Die Formen des Konjunktivs Perfekt werden vom Hilfsverbs **бу́ти** im Präteritum (**був**, **булá**, **булó**, **були́**) und der Form des Konjunktivs gebildet.

③ Die Partikel **би** wird nach Konsonanten, die Partikel **б** nach Vokalen verwendet. Verb, Hilfsverb und Partikel werden getrennt geschrieben. *Beispiele:*

повідо́мити *ausrichten, bekanntmachen* | люби́ти *mögen*

Sg.	m.	був би повідо́мив	був би люби́в
	f.	булá б повідо́мила	булá б люби́ла
	n.	булó б повідо́мило	булó б люби́ло
Pl.		були́ б повідо́мили	були́ б люби́ли

"Якби́ знáла, що поки́не – Булá б не люби́ла." Т. Шевче́нко
wörtliche Übersetzung:
Wenn ich gewusst hätte, dass er mich verlässt, hätte ich mich nicht verliebt.

3.5.9 Transitive und intransitive Verben

① Transitive Verben verlangen ein Akkusativobjekt ohne Präposition (direktes Objekt). *Beispiele:*

читáти (що? *was*) текст *den Text lesen*
слу́хати (кого? *wen*) профéсора *den Professor hören*

② Verben, die nicht die Frage кого? *wen* що? *was* zulassen, sind intransitiv. *Beispiele:*

відпочивáти *ausruhen* | ходи́ти *gehen* | лежáти *liegen*

③ Alle Verben mit dem Suffix **-ся** sind intransitiv. *Beispiele:*

одягáтися *sich anziehen* | зустрічáтися *sich begegnen*
Ausnahme: **диви́тися фільм** *einen Film ansehen*

3.5.10 Die Verben mit dem Suffix -ся

① Diese Verben werden mit dem Suffix **-ся** nach Konsonant oder **-сь** nach Vokal gebildet. *Beispiele:*

Ти умива́єшся? *Wäschst du dich?*
Я умива́юсь. *Ich wasche mich.*

② Sie werden wie die Verben ohne **-ся** konjugiert; nur in der 3. Pers. Sg. (e-Konjugation (I)) stehen statt **-е** (-є) die Endungen **-еть**, **-єть** vor **-ся**. *Beispiele:*

одяга́тися I *sich anziehen* | диви́тися II *schauen*

Singular		Plural	
одяга́-ю-сь	дивл-ю́-сь	одяга́-ємо-сь	ди́в-имо-сь
одяга́ -єш-ся	ди́в-иш-ся	одяга́-єте-сь	ди́в-ите-сь
одяга́ **-єть**-ся	ди́в-ить-ся	одяга́-ють-ся	ди́вл-ять-ся

③ Die Verben mit dem Suffix **-ся** haben folgende Bedeutungen:

a) reflexive Bedeutung, z. B.:
зачі́сувaтися *sich frisieren*, *sich kämmen* | купа́тися *sich baden*

b) reziproke Bedeutung, z. B.:
зустріча́тися *sich begegnen* | ба́читися *sich sehen*

④ Einige Verben mit **-ся** haben keine reflexive oder reziproke Bedeutung, z. B.:

починáтися *anfangen* | продо́вжуватися *dauern* | закі́нчуватися *enden*

⑤ Einige davon werden ohne **-ся** nicht gebraucht, z. B.:

смiя́тися *lachen* | диви́тися *sehen* | прокида́тися *aufwachen*
усміха́тися *lächeln* | сподіва́тися *hoffen*

3.5.11 Die Verben der Fortbewegung

① Es gibt im Ukrainischen einige paarig auftretende Verben, die eine Fortbewegung (wie іти – ходити *gehen*) ausdrücken, wobei beide Verben *unvollendet* sind und sowohl zur e-Konjugation (I) als auch zur и-Konjugation (II) gehören. Das eine Verb wird als **bestimmt** (zielgerichtet), das andere als **unbestimmt** (nicht zielgerichtet) bezeichnet.

② Zu den Verben der Fortbewegung gehören vor allem folgende Paare:

bestimmte Verben	unbestimmte Verben	Bedeutung
іти́ (іду́, іде́ш …) I	ходи́ти (ходжу́, хо́диш …) II	*gehen, kommen*
ї́хати (ї́ду, ї́деш …) I	ї́здити (ї́жджу, ї́здиш …) II	*fahren, reisen*
бі́гти (біжу́, біжи́ш …) II	бі́гати (бі́гаю, бі́гаєш …) I	*laufen, rennen*
леті́ти (лечу́, лети́ш …) II	літа́ти (літа́ю, літа́єш …) I	*fliegen*
пливти́ (пливу́, пливе́ш …)	пла́вати (пла́ваю, пла́ваєш …) I	*schwimmen*
везти́ (везу́, везе́ш …) I	вози́ти (вожу́, во́зиш …) II	*transportieren, bringen*
вести́ (веду́, веде́ш …) I	води́ти (воджу́, во́диш …) II	*führen*
нести́ (несу́, несе́ш …) I	носи́ти (ношу́, но́сиш …) II	*tragen, bringen*

③ Die bestimmten Verben bezeichnen eine Fortbewegung nur in eine Richtung. *Beispiele:*

Куди́ ти **біжи́ш,** Окса́но? *Wohin läufst du, Oksana?*
Пта́хи **летя́ть** на пі́вдень. *Die Vögel fliegen in den Süden.*

④ Die unbestimmten Verben bezeichnen eine Fortbewegung nicht nur in eine Richtung, sondern

a) eine Bewegung einmal hin und zurück:

Я **ходи́в** учо́ра в кіно́. *Ich bin gestern ins Kino gegangen.*

b) eine wiederholte Bewegung:

Він **хо́дить** в університе́т пі́шки. *Er geht zu Fuß zur Uni.*

c) eine Bewegung in verschiedene Richtungen:

Ді́ти **бі́гали** у саду́. *Die Kinder liefen im Garten umher.*

d) die Fähigkeit zu einer Bewegung:

Ри́ба **пла́ває**. *Fische können schwimmen.*

⑤ Die Verben der Fortbewegung werden sehr oft in übertragener Bedeutung gebraucht. *Beispiele:*

іде́ сніг *es schneit*
іде́ фільм *der Film läuft*
носи́ти окуля́ри *eine Brille tragen*

3.5.12 Die Verbalaspekte

① Im Ukrainischen werden – im Unterschied zum Deutschen – alle Verbformen nach dem Aspekt bestimmt, das heißt nach der unterschiedlichen Betrachtungsweise des Handlungsablaufs.

② Einem deutschen Verb stehen gewöhnlich zwei ukrainische gegenüber: ein Verb des *unvollendeten* (imperfektiven) Aspekts und eines des *vollendeten* (perfektiven) Aspekts. *Beispiele:*

роби́ти *machen* зроби́ти | відкрива́ти *aufmachen* відкри́ти

③ Die Verben des *unvollendeten* Aspekts bezeichnen eine Handlung in ihrer zeitlichen Entwicklung; sie geben nicht an, ob diese Handlung zu Ende geführt worden ist oder ob ein Resultat vorliegt.
Ein Verb des *vollendeten* Aspekts kennzeichnet die Handlung als geschlossenes, unteilbares Geschehen, das seinen Endpunkt erreicht hat oder erreichen wird. *Beispiele:*

Я пиcа́ла впра́ви. *Ich habe die Übungen geschrieben.*
Я вже́ написа́ла впра́ви. *Ich habe die Übungen schon geschrieben. (Ich bin damit fertig).*

④ Die Verben des *unvollendeten* Aspekts (z. B.: чита́ти *lesen*, писа́ти *schreiben*) verfügen über vier Zeitformen:

Präsens	чита́ю	*ich lese*	пишу́	*ich schreibe*
Präteritum	чита́в	*ich las*	писа́в	*ich habe geschrieben*
Futur I	бу́ду чита́ти	*ich werde lesen*	бу́ду писа́ти	*ich werde schreiben*
Futur II	чита́тиму	*ich werde lesen*	писа́тиму	*ich werde schreiben*

⑤ Die Verben des *vollendeten* Aspekts haben zwei Zeitformen:

Präteritum	прочита́в	*ich habe gelesen*	написа́в	*ich habe geschrieben*
einfaches Futur	прочита́ю	*ich werde lesen*	напишу́	*ich werde schreiben*

⑥ Von vollendeten Verben können keine Präsensformen gebildet werden.

3.5.12.1 Die Bildung der Verbalaspekte

① Verben, die weder Präfixe noch Suffixe enthalten, sind meist unvollendet. *Beispiele:*

чита́ти *lesen* | писа́ти *schreiben* | люби́ти *lieben*

② Werden an nichtpräfigierte *unvollendete* Verben Präfixe angefügt, so entstehen gewöhnlich *vollendete. Beispiele:*

роби́ти *machen* **зроби́ти** | писа́ти *schreiben* **переписа́ти** *umschreiben, abschreiben*

③ Bildung *vollendeter* Verben mit Hilfe von Präfixen. *Beispiele:*

Präfix	Infinitiv unvollendet	Infinitiv vollendet
на-	писа́ти *schreiben* мо́кнути *nass werde*	**написа́ти** **намо́кнути**
з- (с-)	ляка́тися *sich fürchten* пита́ти *fragen*	**зляка́тися** **спита́ти**
по-	кли́кати *rufen* ду́мати *denken*	**покли́кати** **поду́мати**
про-	ї́хати *fahren* вести́ *führen*	**проі́хати** **провести́**
за-	програмува́ти *programmieren* співа́ти *singen*	**запрограмува́ти** **заспіва́ти**
в-	нести́ *tragen* ба́чити *bemerken*	**внести́** **вбача́ти**

④ *Unvollendete* Verben werden von *vollendeten* mittels Suffix **-ва-** gebildet. *Beispiele:*

да́ти – да-**ва́**-ти *geben*
відкри́ти – відкри-**ва́**-ти *öffnen*

⑤ *Vollendete* Verben werden aus *unvollendeten* mittels Ersatz eines Suffixes durch ein anderes (z. B. **-ну-**) gebildet. *Beispiele:*

сту́к-**а**-ти – сту́к-**ну**-ти *klopfen, anklopfen*
стриб-**а́**-ти – стри́б-**ну**-ти *springen*

⑥ Bei der Aspektbildung erfolgt manchmal auch ein Wechsel von Vokalen sowie ein Betonungswechsel im Verbalstamm. *Beispiele:*

вивч-**á**-ти – ви́вч-**и**-ти *studieren*
повтор-**и́**-ти – повтóр-**ю**-вати *wiederholen*
викид-**á**-ти – ви́кид-**а**-ти *hinauswerfen*

⑦ Im Ukrainischen weisen einzelne Aspektpartner manchmal verschiedene Wortwurzeln auf. *Beispiele:*

брáти – взя́ти *nehmen*
лови́ти – піймáти *fangen*

⑧ Es gibt eine kleine Gruppe von Verben, die je nach Kontext in der Funktion des vollendeten oder des unvollendeten Aspekts gebraucht werden können, dazu zählen auch einige Verben mit dem Suffix **-ува-** (Lehn- und Fremdwörter). *Beispiele:*

мóвити *reden* | **жени́ти** *verheiraten* | **велíти** *befehlen*
гарантувáти *garantieren* | **організувáти** *organisieren*
телеграфувáти *telegrafieren*

3.5.12.2 Der Gebrauch des unvollendeten Aspekts

① Die unvollendeten Verben bezeichnen die Handlung in ihrem Verlauf, in ihrer Dauer, ohne ihre zeitliche Begrenzung anzugeben. *Beispiele:*

Вонá працю́є ужé дéсять рóків. *Sie arbeitet schon zehn Jahre lang.*
Оксáна писáтиме листá. *Oksana wird einen Brief schreiben.*

② Unvollendete Verben können die Handlung als wiederholt ablaufend kennzeichnen. *Beispiele:*

прихóдити *kommen* | бувáти *vorkommen, geschehen* | трапля́тися *geschehen* |
Я чáсто бувáю в Украї́ні. *Ich bin oft in der Ukraine.*

③ Auf sich wiederholende Handlungen können Adverbien und Substantive hinweisen. *Beispiele:*

зáвжди *immer* | íноді *manchmal* | чáсто *oft* | рíдко *selten* | час від чáсу *ab und zu* | кóжної годи́ни *jede Stunde* | весь час *die ganze Zeit* usw.

Íнколи я дивлю́сь телевíзор. *Manchmal sehe ich fern.*
Весь час вонá питáє про тéбе. *Die ganze Zeit fragt sie nach dir.*

④ In der Form des Präteritums können unvollendete Verben stehen, wenn der Sprecher erfahren will, ob die betreffende Handlung stattgefunden hat. Der Sprechende interessiert sich nicht für das Ergebnis dieser Handlung. *Beispiele:*

– Чи бува́ли ви у Ки́єві? *Waren Sie in Kyjiv?*
~ Так, бува́в. *Ja, ich war dort.*

– Ти диви́вся цей фільм? *Hast du diesen Film gesehen?*
~ Так, диви́вся. *Ja, den habe ich gesehen.*

3.5.12.3 Der Gebrauch des vollendeten Aspekts

① Vollendete Verben können auf das *Ergebnis*, auf den *Abschluss* einer Handlung hinweisen. *Beispiele:*

поясни́ти *erklären* | ви́вчити *lernen* | відпочи́ти *ausruhen*
Ми га́рно відпочи́ли в Іта́лії. *Wir haben uns in Italien gut erholt.*

② Vollendete Verben können auf das *Anfangsstadium* einer Handlung, auf ihre *Entstehung* hinweisen. *Beispiele:*

поба́чити *sehen* | захворі́ти *krank werden* | піти́ *losgehen* | відчу́ти *empfinden*
Га́ля не відчу́ла бо́лю. *Halja spürte den Schmerz nicht.*

③ Vollendete Verben können momentane, einmalige Handlungen bezeichnen. *Beispiele:*

ки́нути *werfen* | штовхну́ти *stoßen*
Одра́зу вони́ ки́нули робо́ту. *In diesem Moment hörten sie auf zu arbeiten.*

④ Die Präteritalform vieler Verben des vollendeten Aspekts kann darauf hinweisen, dass das Ergebnis der Handlung, die vor dem Zeitpunkt der Rede ausgeführt worden ist, auch zum Redemoment vorliegt. *Beispiel:*

До ме́не приї́хав мій при́ятель зі Льво́ва.
Zu mir ist mein Freund aus L′viv gekommen (er ist jetzt bei mir).

3.5.12.4 Der Gebrauch der Verbalaspekte im Infinitiv und Imperativ

① Zum Ausdruck der *Bitte,* eine *einmalige Handlung* auszuführen, werden in der Regel vollendete Verben im Imperativ gebraucht. *Beispiele:*

Відчині́ть, будь ла́ска, две́рі! *Öffnen Sie bitte die Tür!*
Скажі́ть, будь ла́ска, де тут теа́тр? *Sagen Sie bitte, wo hier das Theater ist!*

② Der Imperativ eines unvollendeten Verbs steht dann, wenn eine Aufforderung zu Beginn einer Handlung ausgedrückt wird. *Beispiele:*

Починáйте, будь лáска! *Fangen Sie bitte an!*
Прóшу, захóдьте, роздягáйтесь! *Kommen Sie bitte herein, legen Sie ab!*

③ Wenn man jemanden einlädt, so gebraucht man gewöhnlich den Imperativ unvollendeter Verben. *Beispiele:*

Прихóдьте до нас я́кось увéчері! *Kommen Sie bitte einmal abends zu uns!*
Дивíться, як це гáрно! *Schauen Sie wie schön das ist!*

④ Der Infinitiv des vollendeten Aspekts steht oft nach Wörtern, die eine Handlung als erwünscht, notwendig oder möglich ausdrücken. *Beispiele:*

Я хóчу побáчити цей фільм.
Ich möchte mir gerne diesen Film anschauen.

Ви пови́нні прочитáти нови́й ромáн Оксáни Забýжко.
Sie müssen den neuen Roman von Oksana Zabužko lesen.

⑤ Der Infinitiv des unvollendeten Aspekts steht immer nach Verben, die Beginn, Fortsetzung oder Ende einer Handlung bezeichnen:

починáти *beginnen* | продóвжувати *fortfahren, fortsetzen* | закíнчувати *beenden*

Beispiele:

Петрó почáв вивчáти украї́нську мóву 2002 рóку.
Petro hat 2002 damit begonnen, Ukrainisch zu lernen.

Вонá продóвжує працювáти з цією тéмою.
Sie arbeitet weiter an diesem Thema.

3.5.13 Konjugation des Verbs (Zusammenfassung)

① **Unvollendete Verben**

Infinitiv: писáти *schreiben*

Person	Präsens	Präteritum	Futur	
			Futur I	Futur II
я	пиш-ý	писáв, -ла, -ло	бýду писáти	писáти-му
ти	пи́ш-еш	писáв, -ла, -ло	бýдеш писáти	писáти-меш
він	пи́ш-е	писáв	бýде писáти	писáти-ме
вонá	пи́ш-е	писáла	бýде писáти	писáти-ме
вонó	пи́ш-е	писáло	бýде писáти	писáти-ме
ми	пи́ш-емо	писáли	бýдемо писáти	писáти-мемо
ви	пи́ш-ете	писáли	бýдете писáти	писáти-мете
вони́	пи́ш-уть	писáли	бýдуть писáти	писáти-муть

Imperativ: пиши́! пишíмо! пишíть!

② **Vollendete Verben**

Infinitiv: записáти *einschreiben, notieren*

Person	Präteritum	Futur III
я	записáв, -ла, -ло	запиш-ý
ти	записáв, -ла, -ло	запи́ш-еш
він	записáв	запи́ш-е
вонá	записáла	запи́ш-е
вонó	записáло	запи́ш-е
ми	записáли	запи́ш-емо
ви	записáли	запи́ш-ете
вони́	записáли	запи́ш-уть

Imperativ: запиши́! запишíмо! запишíть!

3.5.14 Das Partizip

① Partizipien sind Verbalformen, die die Merkmale eines Adjektivs haben.

② Wie ein Adjektiv ist das Partizip nach Genus, Numerus und Kasus veränderlich.

③ Als Verbformen werden sie nach dem Aspekt (vollendet oder unvollendet), der Zeit (Präsens oder Präteritum) und der Handlungsrichtung (Aktiv oder Passiv) unterschieden. Wie bei anderen Verbalformen existieren beim Partizip Transitivität und Intransitivität.

④ Es gibt im Ukrainischen *vier* Partizipien: die Partizipien des Präsens (Aktiv und (selten) Passiv) und die Partizipien des Präteritums (Aktiv und Passiv).

3.5.14.1 Die Bildung der Partizipien (Aktiv)

① Das Partizip des Präsens Aktiv wird nur von unvollendeten Verben gebildet.

② Das Präsens Partizip Aktiv wird vom Präsensstamm mit Hilfe der Suffixe **-уч-** (**-юч-**), **-ач-** (**-яч-**) und einer adjektivischen Endung (**-ий**, **-а**, **-е**, **-і**) gebildet:

a) **-уч(ий)**, **-юч(ий)** für Verben der e-Konjugation

b) **-ач(ий)**, **-яч(ий)** für Verben der и-Konjugation

Infinitiv	Präsens (3. Ps. Pl.)	Partizip Präsens Aktiv
володíти *beherrschen*	володíють	володí-юч-ий
нести́ *tragen*	несу́ть	нес-у́ч-ий
говори́ти *sagen*	говóрять	говóр-яч-ий
стоя́ти *stehen*	стоя́ть	сто-я́ч-ий

③ Das Partizip des Präteritums Aktiv wird vom Infinitivstamm des vollendeten Aspekts mit Hilfe des Suffixes **-л-** und einer adjektivischen Endung gebildet.

Infinitiv	Partizip Präteritum Aktiv
почервонíти *erröten*	почервонí-л-ий
осиротíти *verwaisen*	осиротí-л-ий
зблíднути *erbleichen*	зблíд-л-ий

3.5.14.2 *Die Bildung der Partizipien (Passiv)*

Im Ukrainischen werden die Partizipien des Präsens Passiv (викóнувати – викóнуваний) – im Gegensatz zu Partizipien des Präteritum Passiv – sehr selten gebraucht.

① Das Partizip des Präteritums Passiv wird nur vom Infinitivstamm transitiver Verben mit Hilfe der Suffixe **-н-**, **-ен-**, **-єн-**, **-т-** und einer adjektivischen Endung (**-ий**, **-а**, **-е**, **-і**) gebildet.

a) das Suffix **-н-,** wenn der Infinitivstamm auf **-а** (**-я**) auslautet. *Beispiele:*

Infinitiv	Partizip Präteritum Passiv
перечитá-ти *nochmals lesen*	перечи́та-н-ий
записá-ти *einschreiben*	запи́са-н-ий

b) das Suffix **-ен-** tritt auf, wenn der Infinitivstamm auf einen Konsonanten oder auf **-і**, **-и** endet. Wenn der Stamm der Partizipien auf **б**, **п**, **в**, **ф**, **м** auslautet, kommt noch **-л-** dazu. *Beispiele:*

Infinitiv	Partizip Präteritum Passiv
принес-ти́ *mitbringen*	принéс-ен-ий
звари́-ти *kochen*	звáр-ен-ий
закупи́-ти *kaufen*	закýп-л-ен-ий
зроби́-ти *machen*	зрóб-л-ен-ий

c) das Suffix **-єн-,** wenn der Infinitivstамм auf **-ї** auslautet. *Beispiele:*

Infinitiv	Partizip Präteritum Passiv
озбрóї-ти *bewaffnen, rüsten*	озбрó-єн-ий
освóї-ти *beherrschen, meistern*	освó-єн-ий

d) das Suffix **-т-**, wenn der Infinitivstamm einsilbiger Verben auf **-и** (**-і**), **-а** (**-я**), **-у**, **-ер** auslautet. *Beispiele:*

Infinitiv	Partizip Präteritum Passiv
ши́-ти *nähen*	ши́-т-ий, приши́-т-ий
стéр-ти *abwischen*	стéр-т-ий
грí-ти *wärmen*	грí-т-ий, пригрí-т-ий

3.5.14.3 Die Bildung der Partizipien (Zusammenfassung)

Musterwörter: нести́ *tragen*, бажа́ти *wünschen,* спа́ти *schlafen*, вико́нувати *ausführen,* вжива́ти *gebrauchen*, осироті́ти *verweisen*, позелені́ти *grün werden*, прочита́ти *durchlesen*, принести́ *mitbringen*, усвідо́мити *erkennen, begreifen*, осво́їти *aneignen*, ши́ти *nähen*

Infinitiv	Stamm	Partizipien	Suffixe	Beispiele
		Präsens Aktiv	**-уч (-юч)**	
нести́	**Präsens-stamm**			нес-у́ч-ий *tragend*
бажа́ти				бажа́-юч-ий *wünschend*
			-ач (-яч)	
спа́ти				сп-л-я́ч- ий *schlafend*
		Passiv (selten)	**-н**	
вико́нувати	**Infinitiv-stamm**			вико́нува-н-ий *erfüllt wird*
вжива́ти				вжи́ва-н-ий *werden verwendet*
		Präteritum Aktiv	**-л**	
осироті́ти				осироті́-л-ий *verweist war*
позелені́ти				позелені́-л-ий *grün geworden war*
		Passiv	**-н, -ен, -т**	
прочита́ти				прочи́та-н-ий *durchgelesen worden*
принести́				прине́с-ен-ий *mitgebracht worden sein*
усвідо́мити				усвідо́м-л-ен-ий *bewusst geworden sein*
осво́їти				осво́-єн-ий *erschlossen worden sein*
ши́ти				ши́-т-ий (приши́-т-ий) *genäht worden*

3.5.14.4 *Der Gebrauch der Partizipien. Die Partizipialkonstruktionen*

① Das Partizip tritt im Satz gewöhnlich als Attribut auf und stimmt mit seinem Beziehungswort in Genus (Geschlecht), Numerus (Zahl) und Kasus (Fall) überein. *Beispiele:*

осиротілий хло́пчик *der verwaiste Junge*
вико́нуване завда́ння *die erfüllte Aufgabe*

② Ein Partizip mit den von ihm abhängigen Wörtern bezeichnet man als Partizipialkonstruktion. Eine Partizipialkonstruktion hat die gleiche Bedeutung wie ein Attributsatz mit **котри́й**, **яки́й**. *Beispiele:*

Сього́дні я перегля́ну напи́сану тобо́ю статтю́.
Heute werde ich den von dir verfassten Artikel durchschauen.

Сього́дні я перегля́ну статтю́, яку́ ти написа́в.
Heute werde ich den Artikel durchschauen, den du verfasst hast.

③ Die Partizipien bzw. die Partizipialkonstruktionen können ins Deutsche durch Partizip I (-d), Partizip II (-t oder -en) oder durch einen Relativsatz (mit *der, die, das*) übersetzt werden. *Beispiel:*

Намальо́ваний ним портре́т приверну́в на́шу ува́гу.
Das von ihm gemalte Porträt zog unsere Aufmerksamkeit auf sich.

④ In unpersönlichen Sätzen werden die undeklinierbaren ukrainischen Partizipien des Präteritums Passiv auf **-но, -то** (manchmal mit dem Hilfsverb бу́ти *sein*) sehr oft als Prädikativum verwendet. *Beispiele:*

У цей час пое́му вже́ було́ напи́сано.
Zu dieser Zeit war das Poem schon geschrieben.

До свят все бу́де зро́блено.
Alles wird bis zu den Feiertagen erledigt worden sein.

Ві́денський університе́т збудо́вано у чотирна́дцятому сторі́ччі.
Die Wiener Universität ist im 14. Jahrhundert errichtet worden.

Das Präteritum Passiv auf **-но, -то** verlangt immer ein direktes Objekt (s. o.: *пое́му, все, Ві́денський університе́т*).

3.5.15 Das Adverbialpartizip

3.5.15.1 Bildung der Adverbialpartizipien

① Adverbialpartizipien sind Verbalformen, die auch Merkmale eines Adverbs aufweisen. Wie das Verb werden sie nach dem Aspekt (unvollendet oder vollendet) und nach der Zeit (Gleichzeitigkeit oder Vorzeitigkeit) unterschieden. Wie Adverben sind sie in ihrer Form unveränderlich und werden im Satz als Adverbialbestimmung gebraucht.

② Es gibt im Ukrainischen zwei Adverbialpartizipien:

a) das Adverbialpartizip auf **-учи (-ючи)**, **-ачи (-ячи)** (von unvollendeten Verben).
Beispiele:

нести́ *tragen* → **нес-у́чи**
сиді́ти *sitzen* → **си́д-ячи**

b) das Adverbialpartizip auf **-вши** oder **-ши** (von vollendeten Verben).
Beispiele:

почастува́ти *bewirten* → **почастува́-вши**
привезти́ *mitbringen* → **приві́з-ши**

③ Die Adverbialpartizipien von unvollendeten Verben werden durch Anfügen des Suffixes **-учи (-ючи)**, **-ачи (-ячи)** an den Präsensstamm gebildet.
Beispiele:

сумува́ти *traurig sein* → суму́-ють → **суму́-ючи**
стоя́ти *stehen* → сто-я́ть → **сто́-ячи**

④ Die Adverbialpartizipien von vollendeten Verben werden vom Infinitivstamm mit Hilfe der Suffixe **-вши** (*nach Vokal*) oder **-ши** (*nach Konsonant*) gebildet.
Beispiele:

зачини́ти *schließen* → **зачини́-вши**
ви́нести *heraus tragen* → **ви́ніс-ши**
(Alternation der Vokale **е** – **і**)

⑤ Ein Adverbialpartizip kann wie ein Verb das Suffix **-сь** oder (sehr selten) **-ся*** aufweisen. *Beispiele:*

віта́тися *grüßen, begrüßen* → **віта́ючись**
запізни́тися *sich verspäten* → **запізни́вшись**
побра́тися *heiraten* → **побра́вшися***

3.5.15.2 Gebrauch der Adverbialpartizipien. Die Gerundialkonstruktionen

① Ein Adverbialpartizip zusammen mit den von ihm abhängigen Wörtern nennt man Gerundialkonstruktion. Diese Konstruktion wird vom übrigen Satzteil durch Komma abgetrennt. *Beispiel:*

Не га́ячись ні хвили́ни, Оле́ся подзвони́ла бра́ту.
Ohne eine Minute zu zögern, rief Olesja den Bruder an.

② Eine Gerundialkonstruktion mit dem Adverbialpartizip des *unvollendeten* Aspekts bezeichnet in der Regel eine Nebenhandlung, die *gleichzeitig* mit der Haupthandlung verläuft. *Beispiel:*

Захо́дячи за ріг буди́нку, він несподі́вано озирну́вся.
Als er zum Hauseck kam, drehte er sich unerwartet um.

③ Eine Gerundialkonstruktion mit dem Adverbialpartizip des *vollendeten* Aspekts bezeichnet in der Regel eine Nebenhandlung, die der Haupthandlung des Satzes zeitlich *vorausgegangen* ist. *Beispiel:*

Знайшо́вши наре́шті потрі́бне сло́во, Окса́на закінчи́ла вірш.
Nachdem Oksana zu guter Letzt das gesuchte Wort gefunden hatte,
konnte sie das Gedicht vollenden.

④ Adverbialpartizipien werden im Deutschen sehr häufig durch einen Adverbialnebensatz der Zeit, der Art und Weise, des Grundes oder der Bedingung wiedergegeben. *Beispiele:*

Поверну́вшись з відпу́стки, Макси́м одра́зу їй подзвони́в.
Nachdem er vom Urlaub zurückgekehrt war, rief Maxim sie sofort an.

Зачини́вши две́рі, вона́ стрімголо́в ки́нулась до вікна́.
Nachdem sie die Türe geschlossen hatte, lief sie direkt zum Fenster.

3.6 Adverb (ukr. прислíвник)

Das Adverb (Umstandswort) übernimmt innerhalb des Satzes die Aufgabe, die Umstände des Ortes, der Zeit, der Art und Weise usw. zu beschreiben.
Im Ukrainischen treten bei Adverben die Suffixe **-о**, **-е**, **-и**, **-ому**, **-єму** auf. Die letzten drei aber nur bei Adverbien, die das Präfix **-по** tragen. *Beispiele:*

-о	повíльно	*langsam*
-е	дóбре	*gut*
-и	по-бáтьківськи	*wie der Vater*
-ому	по-лíтньому	*sommerlich*
-єму	по-свóєму	*seiner eigenen Art nach*

3.6.1 Deadjektivische Adverbien

① Adverbien, die von Adjektiven der harten Gruppe abgeleitet (deadjektivisch) sind, haben meist die Endung **-о**, allerdings gibt es auch einige mit **-е** als Flexionsendung (sie bilden dann gleichlautende (homonyme) Formen zu den neutralen Adjektiven). *Beispiele:*

погáно *schlecht*
чúсто *sauber*
швúдко *schnell*
висóко *hoch, groß*
спокíйно *ruhig*
гáрно *schön*
дóбре *gut*

② Auch bei den Adverbien, die von Adjektiven der weichen Gruppe abgeleitet sind (deadjektivisch), steht überwiegend ein **-о** in der Endung, hier wird aber der vorangehende Konsonant erweicht, was durch das weiche Zeichen graphisch ausgedrückt wird. *Beispiele:*

серéдньо *mittig*
самобýтньо *eigenartig*

Цей твір напúсаний дýже самобýтньо.
Dieser Aufsatz ist sehr eigenartig geschrieben.

Вчúться вонá серéдньо.
Sie lernt mittelmäßig (ist eine durchschnittliche Studentin).

3.6.2 Lokaladverbien

Interrogativ

звідки	*woher*	лівóруч	*nach links*
там	*dort*	правóруч	*nach rechts*
туди́	*dorthin*	вдóма	*zu Hause*
сюди́	*hierher*	додóму	*nach Hause*

Beispiele:

Звідки ти прийшóв? *Wo kommst du her?*
Лівóруч стоїть пáм'ятник Шевчéнкові. *Links steht das Ševčenko Denkmal.*
Додóму я повертáюсь пізно. *Ich komme gewöhnlich spät nach Hause.*

3.6.3 Temporaladverbien

Interrogativ

коли́ *wann* | дóки *bis wann*

Allgemein

зáраз	*jetzt*	іноді	*manchmal*
тепéр	*jetzt*	зáвжди	*immer*
незабáром	*bald*	чáсто	*oft*
давнó	*vor langem*	рідко	*selten*
інколи	*manchmal*		

Tag und Nacht

вдéнь, удéнь	*tagsüber*	сьогóдні	*heute*
вночі, уночі	*nachts*	зáвтра	*morgen*
врáнці, урáнці	*in der Früh*	позáвтра	*übermorgen*
одногó дня	*eines Tages*	вчóра	*gestern*
щодéнь	*jeden Tag*	позавчóра	*vorgestern*
щонóчі	*jede Nacht*		

Beispiele:

Дóки я бýду на тéбе чекáти? *Bis wann werde ich auf dich warten?*
Незабáром ви́йшло сóнце. *Kurz darauf ging die Sonne auf.*

Щодня́ і щонóчі її не покидáли смутні передчуття́.
Jeden Tag und jede Nacht verließ sie eine schlechte Vorahnung nicht.

3.6.4 Indefinitadverbien

Indefinitadverbien werden durch die Elemente **-сь**, **-нéбудь** oder **-будь** gebildet, die *Unbestimmtheit* von Ort oder Zeit ausdrücken. *Beispiele:*

десь	*irgendwo*	кудúсь	*irgendwohin*
де-не-дé	*irgendwo*	куди-нéбудь	*irgendwohin*
де-нéбудь	*irgendwo*	подéкуди	*hier und da*

Де-не-дé ще лежáв сніг. *Irgendwo lag noch Schnee.*
Алé подéкудú вжé цвіли прóліски. *Aber hier und da blühten schon Schneeglöckchen.*

3.6.5 Negativadverbien

Negativadverbien werden mit Hilfe des Präfixes **-ні** gebildet. *Beispiele:*

нідé	*nirgends*
нікýди	*nirgendwohin*

Сьогóдні я нікýди не підý. *Heute werde ich nirgendwohin gehen.*
Нідé нікóго не булó вúдно. *Nirgendwo war irgendjemand zu sehen.*

3.6.6 Quantitative Adverbien (Adverbien des Maßes)

багáто	*viel*	дýже	*sehr*
мáло	*wenig*	мáйже	*fast*
більш	*mehr*	тíльки	*nur*

Beispiele:

Я мáйже закінчúв своЮ́ статтЮ́. *Ich habe meinen Artikel fast fertig geschrieben.*
Її́ облúччя булó дóсить привáбливим. *Ihr Gesicht war ziemlich attraktiv.*

3.6.7 Modaladverbien

рáптом	*plötzlich*	інáкше	*anders*	рáзóм	*zusammen*
байдýже	*gleichgültig*	як	*wie*	так	*so*
гарáзд	*einverstanden*				

Beispiele:

Сьогóдні йомý булó все байдýже. *Heute war ihm alles egal.*
Рáптом почýлась незнайóма мýзика. *Plötzlich hörte ich eine mir nicht bekannte Musik.*

3.6.8 Komparativ und Superlativ

3.6.8.1 Komparativbildung

① Die Komparativbildung der Adverbien ist jener der Adjektive sehr ähnlich. Nur von Qualitätsadverbien lässt sich ein Komparativ (Steigerungsstufe) bilden. Qualitätsadverbien beschreiben eine Handlung oder einen Zustand. *Beispiel:*

Він почáв говори́ти ти́хше. *Er begann leiser zu sprechen.*

② Der Komparativ wird meist durch das Suffix **-іше** im Stammauslaut gebildet:

тéпло *warm* → теплі́ше
рáно *früh* → рані́ше
вéсело *fröhlich* → веселі́ше

Звичáйно у трáвні вжé теплі́ше. *Gewöhnlich ist es im Mai schon wärmer.*
У цей день він встав рані́ше. *An diesem Tag stand er früher auf.*

③ Bei einigen Adjektiven wird der Komparativ mit dem Suffix **-ше** gebildet. Zumeist handelt es sich dabei um Wörter, die sehr häufig verwendet werden. Die Suffixe **-к-** oder **-ок-** fallen dann aus. *Beispiele:*

глибóко *tief* → гли́бше
висóко *hoch* → ви́ще

Під час бíгу трéба ди́хати гли́бше. *Während des Laufens muss man tiefer atmen.*

3.6.8.2 Superlativbildung

① Den Superlativ (höchste Steigerungsstufe) erhält man, indem man die Partikel **най-** vor die Form des Komparativs setzt. *Beispiele:*

Positiv	Komparativ	Superlativ
дóрого *teuer*	дорóжче	найдорóжче *teuerste*
дóбре *gut*	крáще	найкрáще *beste*

② Daneben gibt es noch Formen, die eine gewisse Verstärkung symbolisieren. Sie werden mit Hilfe der Partikeln **як** und **що** gebildet, die der Superlativform noch vorangestellt werden. Diese expressiven Formen lassen sich mit den deutschen *aller-Formen* gut vergleichen. *Beispiele:*

якнайгарні́ше *allerschönste* | щонайгарні́ше

Ми намага́лись зроби́ти все <u>якнайкра́ще</u>.
Wir versuchten alles so gut wie nur möglich zu machen.

<u>Щонайдоро́жче</u> для ньо́го – це його́ ді́ти.
Das allerteuerste für ihn, das sind seine Kinder.

3.6.8.3 Unregelmäßige Komparativformen

висо́ко *hoch* → ви́ще
до́рого *teuer* → доро́жче
ни́зько *nierdrig* → ни́жче
пога́но *schlecht* → гі́рше
до́бре *gut* → кра́ще
бага́то *viel* → бі́льше

Beispiele:

<u>Кра́ще</u> було́ його́ про це не пита́ти. *Man hätte ihn besser nicht danach fragen sollen.*
<u>Гі́рше</u> не бува́є! *Schlechter geht es nicht.*

3.7 Konjunktion (ukr. сполу́чник)

Unter Konjunktionen (Bindewörtern) versteht man die nichtflektierte Wortart, die Satzglieder, welche einander nebengeordnet sind, und untergeordnete Nebensätze mit dem Hauptsatz in zusammengesetzten Sätzen miteinander verknüpft. Sie selbst tragen keine exakte Bedeutung. Ihre Bedeutung geht nur aus dem Kontext mit anderen, bedeutungstragenden Wörtern hervor.

3.7.1 Einfache Konjunktionen

і (й)	*und*	чи	*oder*
а	*und, aber*	що	*das*
та	*und*	як	*wie*
бо	*weil*		

Beispiele:

Со́нце схова́лося, і враз потемні́ло не́бо.
Die Sonne ging unter und mit einem Schlag verdunkelte sich der Himmel.

Як ти зна́єш, це була́ не пе́рша на́ша зу́стріч.
Wie du weißt, war das nicht unser erstes Treffen.

3.7.2 Zusammengesetzte Konjunktionen

щоб *so dass*
проте́ *deshalb, aus diesem Grunde*
якщо́ *wenn*
або́ *oder*

Beispiele:

Або́ я прийду́ до те́бе, або́ ти зайде́ш до ме́не під ве́чір.
Entweder komme ich zu dir oder du kommst heute Abend zu mir.

Якщо́ піде́ дощ, ми зали́шимось удо́ма.
Wenn es regnet, dann bleiben wir zu Hause.

3.7.3 Mehrgliedrige Konjunktionen

Mehrgliedrige Konjunktionen bestehen jeweils aus mehreren einzelnen Wörtern, die eigentlich zu anderen Wortarten gehören (Präpositonen, Adverben, Pronomen), ihre ursprüngliche lexikalische Funktion aber aufgegeben und mit den anderen Wörtern die Bedeutung einer Konjunktion angenommen haben.

тому́ що *weil*
че́рез те що *weil*
для то́го щоб *um*
незважа́ючи на те що *obwohl, trotzdem*
поді́бно до то́го як *wie*

Beispiel:

Оле́ся приї́хала для то́го, щоб наре́шті все з'ясува́ти.
Olesja kam, um endlich alles aufzuklären.

Kopulative Konjunktionen (aneinander gereiht)

і (й), та *und*

Adversative Konjunktionen (entgegengesetzt)

а *und (aber)* (drückt Gegensatz aus)
але́ *aber*

Desjunktive Konjunktionen (ausschließend)

то – то *entweder ... oder*
чи – чи *entweder ... oder*

3.8 Präposition (ukr. прийме́нник)

Als Präposition (Verhältniswort, Vorwort) bezeichnet man die nichtflektierte Wortart, die die grammatische Bedeutung von Substantiven, Pronomen oder substantivierten Adjektiven ergänzt und eine Verbindung zwischen den Wörtern im Satz herstellt. Sie drückt verschiedene Aspekte aus: Ort, Grund, Zeit, Art und Weise.

Präpositionen bestimmen den Kasus (Fall) eines folgenden deklinierbaren Wortes.

Syntaktisch sind Präpositionen nie Satzglieder, sie sind jedoch stets Teil eines Satzgliedes.

3.8.1 Die wichtigsten ukrainischen Präpositionen und ihre Rektionen

Genitiv	Akkusativ
без *ohne*	**крізь** *durch*
біля *neben, an*	**про** *über*
від *von, aus*	**че́рез** *durch*
до *nach, bis*	**в/у** *nach* (Richtung)
ко́ло *um*	**на** *nach* (Richtung)
крім *außer*	**за** *für* (für jemanden / etwas sein)
окрі́м *außer*	**над** *über* (Richtung)
пі́сля *nach*	**пе́ред** *vor* (Richtung)
про́ти *gegen*	
се́ред *mitten*	
за́мість *anstatt, für*	

Instrumental	Lokativ
за *hinter* (räumlich, Ort)	**при** *bei*
над *über* (Ort)	**по** *entlang* (Pl.)
пе́ред *vor* (Ort)	**о** *um* (zeitlich)
під *unter* (Ort)	**в/у** *in* (Ort)
по *entlang* (Sg.)	
між *zwischen* (Ort)	
помі́ж *zwischen* (Ort)	

3.8.2 Deutsche Präpositionen mit ihren ukrainischen Entsprechungen

Deutsch	Ukrainisch		Beispiele
an	біля + G.	(räumlich)	біля теáтру *neben dem Theater*
auf	на + L.	(räumlich)	на майдáні *auf dem Platz*
aus	з + G.	(räumlich)	з міста *aus der Stadt*
		(Stoff)	з метáлу *aus Metall*
außer	крім + G.		крім нього́ *außer ihm*
	окрі́м + G.		окрі́м брáта *außer dem Bruder*
bei	біля + G.		біля шкóли *neben der Schule*
	при + L.		при інститýті *zum Institut gehörend*
bis	до + G.		до зýстрічі *bis bald*
durch	крізь + A.		крізь стíну *durch die Wand*
	чéрез + A.		чéрез ліс *durch den Wald*
entlang	по + D. (Sg.)		по бéрегу *dem Ufer entlang*
	по + L. (Pl.)		по берегáх *den Ufern entlang*
für	для + G.		подарýнок для неї́ *ein Geschenk für sie*
	за + A.	(für jemanden / etwas sein)	борóтися за демокрáтію *für Demokratie kämpfen*
		(statt jemanden)	працювáти за брáта *statt des Bruders arbeiten*
	зáмість + G.	(anstatt)	зáмість сестри́ *statt der Schwester*
gegen	прóти + G.	(dagegen, gegen etwas sein)	щось прóти нéжиті *etwas gegen Erkältung*
	під + A.	(zeitlich)	під вéчір *gegen Abend*
gegenüber	напрóти (навпрóти) + G.	(räumlich)	навпрóти будúнку *gegenüber dem Gebäude*
hinter	за + I.	(räumlich)	за будúнком *hinter dem Haus*

Deutsch	Ukrainisch		Beispiele
in	у/в + L.		жи́ти в Ки́єві *in Kyjiv leben*
	у/в + A.	(Richtung)	у парк (йти, ї́хати) *in den Park gehen (fahren)*
nach	на + A.		на мо́ре (йти́, ї́хати) *ans Meer gehen (fahren)*
	до + G.		до кані́кул *bis zu den Ferien*
	пі́сля + G.	(zeitlich)	пі́сля обі́ду *nach dem Mittagessen*
ohne	без + G.		без те́бе *ohne dich*
um	о + L.	(zeitlich)	о п'я́тій годи́ні *um fünf Uhr*
		(ausschließlich zur Angabe von Uhrzeiten!)	
unter	під + A.	(Richtung)	покла́сти під кни́жку *unter das Buch legen*
	під + I.	(Ort)	під столо́м *unter dem Tisch*
über	про + A.	(über jemanden/ etwas erzählen)	кни́жка про жи́вопис *ein Buch über Malerei*
			говори́ти про си́на *über den Sohn sprechen*
	над + A	(Richtung)	над хма́ри *über den Wolken* (wohin?)
	над + I.	(Ort)	над голово́ю *über dem Kopf* (wo?)
von	від + G.	(von etwas weg)	від бе́рега *vom Ufer weg*
	про + A.	(von jemandem/ etwas erzählen)	розповіда́ти про по́дорож *von der Reise erzählen*
vor	пе́ред + I.	(räumlich)	пе́ред очи́ма *vor den Augen*
zwischen	між + A. + G.	(Richtung)	між дере́в (лю́ди) (іти́) *zwischen den Bäumen gehen*
	помі́ж + I.	(Ort)	помі́ж людьми́ zwischen den Leuten

3.9 **Partikel** (ukr. чáстка)

Als Partikel wird die nichtflektierte Wortart bezeichnet, die anderen Wörtern oder ganzen Sätzen eine zusätzliche emotionelle oder bedeutungsmäßige Komponente beifügt. Partikeln drücken die Einstellung des Sprechers zur Sache aus, sie verstärken die Aussage des Satzes und ändern die Bedeutung oder den Inhalt des Satzes nicht. Nach der Bedeutung und ihrer Funktion im Satz werden Parikeln in verschiedene Gruppen eingeteilt.

3.9.1 Wortbildende Partikeln

Zu den wortbildenden Partikeln gehören diejenigen, mit deren Hilfe neue Wörter gebildet werden:

аби́ де будь не́будь не ні б би

Beispiele: аби́хто | ніде́ | де́що | ніхто́ | бу́дь-де | щоб | де́-не́будь | якби́

Ніхто́ ніде́ не гомоні́в. Т. Шевче́нко
Nirgendwo war jemand zu hören (wörtlich: niemand nirgendwo nicht lärmte.)

Де́що мені́ подо́балось, де́що – ні. *Manches hat mir gefallen, manches nicht.*

3.9.2 Formbildende Partikeln

Zu den formbildenden Partikeln zählen **хай, неха́й**. Sie dienen zum Ausdruck des Imperativs (Hortativs). *Beispiele:*

Хай він при́йде! *Er soll kommen.*
Неха́й співа́є! *Er soll singen.*

3.9.3 Negationspartikeln

Es gibt einige Partikeln, die Negation ausdrücken:

не ні ані́

Beispiele:

А́ні він, а́ні я цього́ не розумі́в. *Weder er noch ich hat das verstanden.*
Не було́ ви́дно ні хма́рки на не́бі. *Es war kein Wölkchen am Himmel zu sehen.*

3.9.4 Modale Partikeln

Dabei handelt es sich um Partikeln, die die Einstellung des Sprechenden zur Aussage konkretisieren oder verstärken oder solche, die die Bedeutung des Satzes ergänzen. Zu den modalen Partikeln werden im Allgemeinen folgende gezählt:

a)	demonstrative	**ось, óсьде, он, от, отó, це, оцé**
b)	explikative	**якрáз, сáме, прóсто, прямо, влáсне, мáйже**
c)	limitierende	**тíльки, лишé, хоч**
d)	verstärkende	**і, й, та, таки́, аж, нáвіть, вжé, ж, же, бо**
e)	rein modale der subjektiven Einschätzung	**хай, нехáй, би, б, ну, давáй**
f)	affirmative	**так, отáк, егé, атóж, гарáзд**
g)	interrogative	**чи, невжé, хібá, що за**
h)	komparative	**мов, мóвби, немóв, ненáче**

Beipiele:

<u>Це</u> <u>якрáз</u> і був той ліс. *Das war genau jener Wald.*
<u>Лишé</u> <u>так</u> вирíшувалось це питáння. *Nur so konnte diese Frage gelöst werden.*
<u>Ненáче</u> чóвен в синім мóрі. Т. Шевчéнко *Als ob es ein Boot im blauen Meere wäre.*

3.10 Interjektion (ukr. ви́гук)

Interjektionen sind Äußerungen, die bestimmte Gefühle, Empfindungen oder Ähnliches unmittelbar zum Ausdruck bringen, ohne diese direkt zu bezeichnen. Es handelt sich dabei um eine spezielle Gruppe meist sehr kurzer Wörter. Oftmals sind es Ausrufe, die Verwunderung, Erstaunen, Begeisterung usw. vermitteln.
Die ukrainischen Interjektionen werden traditionell in vier Gruppen klassifiziert.

① Interjektionen, die Emotionen zum Ausdruck bringen, haben meistens die gleiche Bedeutung wie im Deutschen:

о!	*Oh!*	гм!	*Hm!*
огó!	*Oho!*	ах!	*Ach!*
ой!	*Oh!*	фу!	*Pfui!*

Beispiele:

О! Це був надзвичáйний день! *Oh, das war ein besonderer Tag.*
Гм, гм! Коли́ б чогóсь не ви́йшло! *Hm, hm! Ich befürchte, dass so etwas passieren könnte.*

② Interjektionen, die eine Aufforderung zu einer Handlung zum Ausdruck bringen:

марш!	*marsch!*
геть!	*weg!*
гóді!	*es reicht!*
цить!	*ruhig!*
тс-с!	*psst!*

Beispiele:

Гóді! Менé це більше не цікáвить! *Es reicht, mich interessiert das nicht mehr!*
Тс-с! Хтось іде́! *Psst! Jemand kommt!*

③ Sprachliche Etiketten:

дя́кую!	*danke!*
будь лáска!	*bitte!*
на добрáніч!	*Gute Nacht!*
брáво!	*bravo!*

Beispiele:

Дя́кую! Ви ду́же люб'я́зні! *Danke, Sie sind sehr liebenswürdig!*
Брáво! Це спрáвжній у́спіх! *Bravo! Das ist ein wirklicher Erfolg!*

④ Interjektionen, die lautmalerische Geräusche zum Ausdruck bringen:

ха-ха-ха!	*Ha-ha-ha!*
тьох!	*toch!*

Beispiele:

У відповідь пролунáло несподíване ха-ха-ха!
Als Antwort erklang ein unerwartetes Ha-ha-ha!

Тьох, тьох! Почу́лось вдалині!
Toch, toch!, hörte man aus der Ferne.

4. Wortbildung

Mit Hilfe der Wortbildung werden die Möglichkeiten zur Bildung oder Formierung lexikalischer Einheiten untersucht. Sie spielt insbesondere bei Substantiven, Adjektiven und anderen Wortarten, die nominative Funktion ausüben, eine gewichtige Rolle.
Die Hauptarten der Wortbildung im Ukrainischen stellen die Präfigierung (bei der das Präfix vor der Wurzel des Worts steht) und die Suffigierung (Verlängerung des Wortstamms durch Suffix) dar.

4.1 Suffixe bei Substantiven

4.1.1 Suffixe zur Bezeichnung maskuliner und femininer Handlungsträger

Maskulina	
a) **-ар**:	пошта́р *Briefträger*, шахта́р *Zechenarbeiter*, пе́кар *Bäcker*, лі́кар *Arzt*, кобза́р *Kobsar*
b) **-яр**:	школя́р *Schüler*, ма́ляр *Maler*, гусля́р *Huslar*
c) **-ак**:	співа́к *Sänger*, дива́к *Sonderling*
d) **-ник**:	письме́нник *Schriftsteller*, представни́к *Vertreter*
e) **-ець**:	продаве́ць *Verkäufer*, службо́вець *Angestellter*, украї́нець *Ukrainer*
f) **-ач, -яч**:	чита́ч *Leser*, переклада́ч *Übersetzer*
g) **-ій**:	водíй *Fahrer*, злодíй *Dieb*

Feminina	
a) **-ка**:	лі́карка *Ärztin*, учи́телька *Lehererin*, австрі́йка *Österreicherin*
b) **-иця**:	представни́ця *Vertreterin*, робітни́ця *Arbeiterin*
c) **-івна**:	царі́вна *Zarentochter*, бондарі́вна *Tochter des Böttchers*

4.1.2 Suffixe zur Bezeichnung von Gegenständen und Abstracta

Gegenstände	
a) f. **-ка**:	кни́жка *Buch*, рі́чка *Fluss*
b) m. **-ик**, **-ник**:	словни́к *Wörterbuch*, годи́нник *Uhr*, сірни́к *Streichholz*
c) f. **-иця**:	столи́ця *Hauptstadt*, рукави́ця *Handschuh*

Abstrakta	
a) m. **-іт**:	сту́кіт *Klopfzeichen*, гу́ркіт *Groll*
b) f. **-ня**:	метушня́ *eine ungestüme Bewegung*
c) n. **-ання**, **-ення**, **-іння**:	навча́ння *Studium*, закі́нчення *Beendigung*, промі́ння *Strahlen*
d) f. **-ість**:	ра́дість (ра́дості G. Sg.) *Freude*, ста́рість *Alter*
e) f. **-изна**:	крути́зна *Steigung*, білизна́ *Weißes*

4.2 Verkleinerung, Vergrößerung, Expressivität

4.2.1 Ausdruck von Verkleinerung (Diminutiva) und Verniedlichung

Substantive

Maskuline Substantive	
a) **-ок**:	ліс-о́к, голос-о́к (von: ліс *Wald*, го́лос *Stimme*)
b) **-ик**:	сто́л-ик, бра́т-ик: (von: стіл *Tisch*, брат *Bruder*)
c) **-чик**:	хло́п-чик, клю́-чик (von: хло́пець *Junge*, ключ *Schlüssel*)
d) **-очок**:	син-о́чок, ліс-о́чок (von: син *Sohn*, ліс *Wald*)
e) **-усь**:	дід-у́сь, Петр-у́сь (von: дід *Großvater*, Петро́ *Peter*)

Feminine Substantive	
a) **-к-а**:	ру́ч-к-а, кни́ж-к-а (von: рука́ *Hand*, кни́га *Buch)*
b) **-оньк-а, -еньк-а**:	голі́в-оньк-а, ру́ч-еньк-а (von: голова́ *Kopf*, рука́ *Hand*)
c) **-ичк-а**:	сестр-и́чк-а, вод-и́чк-а (von: сестра́ *Schwester*, вода́ *Wasser*)
d) **-очк-а**:	до́н-ечк-а, ру́ч-ечк-а (von: до́ня *Tochter*, рука́ *Hand*)
e) **-ун-я**:	баб-у́н-я, мам-у́н-я (von: ба́ба *Großmutter,* ма́ма *Mutter)*
f) **-ус-я**:	мам-у́с-я, баб-у́с-я (von: ба́ба *Großmutter,* ма́ма *Mutter)*

Neutrale Substantive	
a) **-к-о**:	молоч-к-о́, о́ч-к-о (von: молоко́ *Milch*, о́ко *Auge*)
b) **-атк-о, -ятк-о**:	дит-я́тк-о, тел-я́тк-о (von: дитя́ *Kind*, теля́ *Kalb*)
c) **-очк-о, -ечк-о**:	со́н-ечк-о, дитя́т-очк-о (von: со́нце *Sonne*, дитя́ *Kind*)
d) **-ц-е**:	дерев-ц-е́, слов-ц-е́ (von: де́рево *Baum*, сло́во *Wort*)
e) **-ен-я**:	коз-ен-я́, оч-ен-я́ (von: коза́ *Ziege*, о́ко *Auge*)

4.2.2 Ausdruck von Vergrößerung (Augmentativa) und Missachtung

a) **-исько, -ище**:	дуби́ще *große Eiche*, хлопчи́сько *Junge*, сини́ще *Sohn*, дівчи́сько *Mädchen*
b) **-юра**:	собацю́ра *großer Hund*
c) **-юка**:	тварю́ка *Untier*, гадю́ка *Schlange*
d) **-юга**:	хитрю́га *listenreicher Mensch*, бандю́га *Bandit*

4.3 Wortbildung bei einigen Adjektiven

a) **-ов (-ев)**:	лісови́й *Wald-*, зимо́вий *Winter-*, науко́вий *wissenschaftlich*
b) **-ичн (-ічн)**:	істори́чний *historisch*, георафі́чний *geographisch*
c) **-альн**, **-увальн**:	поя́снювальний *erklärend*
d) **-ськ**:	англі́йський *englisch*, студе́нтський *studentisch*
e) **-а(я)льн**:	відповіда́льний *verantwortlich,* порівня́льний *vergleichend*

4.4 Wortbildung bei Verben

4.4.1 Ableitung mit Präfixen

a) **ви-**:	ви́йти *hinausgehen*, вибира́ти *auswählen*
b) **під-**:	підно́сити *hinbringen*, підво́дити *hinters Licht führen*
c) **до-**:	дої́хати *hinfahren*, довезти́ *hinbringen*
d) **з-**:	з'їжджа́ти *herunterfahren*
e) **роз-**:	розду́мувати *überlegen*, розпита́ти *fragen*
f) **у/в-**:	усиха́ти *trocknen*
g) **пере**:	переписа́ти *abschreiben, umschreiben*

4.4.2 Ableitung mit Suffixen

-ува (-юва):	купува́ти *kaufen*, спілкува́ти *sich unterhalten,* поя́снювати *erklären*

5. Syntax (Satzlehre)

5.1 Der einfache Satz

5.1.1 Unterscheidung nach dem Ziel einer Aussage

① **Aussagesätze**

Сьогóдні я йдý у кінó. *Heute gehe ich ins Kino.*
Оксáна – гáрна дíвчина. *Oksana ist ein hübsches Mädchen.*

② **Fragesätze**

Де живýть твої́ батьки́? *Wo wohnen deine Eltern?*
Ти читáла цю кни́жку? *Hast du dieses Buch gelesen?*

③ **Aufforderungssätze**

Хай вони́ відпочивáють! *Sie sollen sich erholen!*
Дай менí, будь лáска, твій словни́к! *Gib mir bitte dein Wörterbuch.*

5.1.2 Aussagesätze. Wortstellung

① Die Wörter, die auf etwas schon Bekanntes Bezug nehmen, stehen manchmal am Anfang des Satzes; die Wörter, die neue Information ausdrücken, stehen oftmals am Satzende. *Beispiele:*

Я прийдý до тéбе <u>ввéчері</u>. *Ich komme am Abend zu dir.*
<u>Працю́єш</u> ти сьогóдні теж? *Arbeitest du auch heute?*

② Das Subjekt hängt nicht von anderen Satzgliedern ab und antwortet auf die Fragen **хто**? *Wer?* **що**? *Was?*
Das Prädikat hängt grammatisch vom Subjekt ab. Es antwortet auf die Frage: Що рóбить ...? *Was macht ...? Beispiele:*

Студéнт пи́ше. *Der Student schreibt. (Wer schreibt? <u>Der Student</u>.)*
Was macht der Student? Er <u>schreibt</u>.

③ Das Prädikat stimmt mit dem Subjekt in Numerus (Zahl) und Person (im Präteritum auch im Genus (Geschlecht)) überein. *Beispiele:*

Вчо́ра <u>ми</u> <u>прийшли́</u> пі́зно. *Gestern sind wir spät gekommen.*
Коли́сь тут <u>стоя́в</u> га́рний <u>буди́нок</u>. *Hier ist früher ein schönes Haus gestanden.*
<u>Статтяя́</u> ду́же <u>ціка́ва</u>. *Der Artikel ist sehr interessant.*

④ Die Folge der Satzglieder *Subjekt – Prädikat* bleibt gewöhnlich im Unterschied zum Deutschen erhalten, insbesondere, wenn am Satzanfang ein Objekt oder eine adverbiale Bestimmung der Zeit oder des Ortes steht. *Beispiele:*

Вірш <u>я написа́ла</u> вчо́ра.
Вчо́ра <u>я написа́ла</u> вірш. *Ich habe gestern ein Gedicht geschrieben.*

⑤ Die adverbiale Bestimmung der Art und Weise steht – im Unterschied zum Deutschen – häufig vor dem Verb. *Beispiele:*

Він <u>га́рно</u> співа́є. *Er singt schön.*
Вона́ <u>до́бре</u> вчи́ться. *Sie lernt gut.*

5.1.3 Fragesätze. Wortstellung

① Zum Ausdruck einer Frage werden in der erste Linie Fragewörter verwendet:

хто? *wer* | що? *was* | яки́й? *welcher* | котри́й? *welcher* | чий? *wessen* | як? *wie*
скі́льки? *wie viel* | де? *wo* | куди́? *wohin* | коли́? *wann* | чому́? *warum* usw.

② Fragewörter stehen in der Regel am Anfang des Satzes. *Beispiele:*

Хто тут вчи́ться? *Wer studiert hier?*
Що вона́ ро́бить? *Was macht sie?*
Де він живе́? *Wo wohnt er?*
Коли́ ти при́йдеш? *Wann kommst du?*

③ Zum Ausdruck einer Frage dienen ebenfalls die Fragepartikeln **чи, хіба́, невже́** *denn, etwa,* die nicht übersetzt werden. Sie drücken im Fragesatz zusätzlich Zweifel, Misstrauen oder Verwunderung aus. *Beispiele:*

Чи був ти сього́дні в університе́ті? *Warst du heute an der Uni?*
<u>Хіба́</u> ви мене́ не пізна́ли? *Haben Sie mich wirklich nicht erkannt?*
<u>Невже́</u> ви забу́ли про на́шу зу́стріч?
Haben Sie unsere Begegnung tatsächlich vergessen?

④ Eine Frage kann im Ukrainischen auch nur durch die Intonation ausgedrückt werden. Die Wortfolge bleibt dabei unverändert. *Beispiele:*

Він тут. *Er ist hier.*
Він тут? *Ist er hier?*
Вона́ працю́є в шко́лі. *Sie arbeitet in der Schule.*
Вона́ працю́є в шко́лі? *Arbeitet sie in der Schule?*

5.1.4 Verneinte Sätze. Wortstellung

① Die Verneinung wird durch **не** – *nicht* und **ні** – *nein* ausgedrückt. Bezieht sich die Verneinung auf den ganzen Satz, so steht **не** vor dem Prädikat. *Beispiele:*

Учо́ра вона́ його́ не ба́чила. *Gestern hat sie ihn nicht gesehen.*
Ви австрі́єць? Ні, я не австрі́єць. *Sind Sie Österreicher?*
Nein, ich bin kein Österreicher.

② Ist nur ein Satzglied verneint, so steht **не** vor diesem. *Beispiel:*

Не вона́ про це розповіла́, а Окса́на. *Nicht sie hat davon erzählt, sondern Oksana.*

③ Die Verneinung kann durch **ні** *(kein einziger)* beim Substantiv verstärkt werden. *Beispiele:*

Вона́ не сказа́ла ні сло́ва. *Sie hat kein einziges Wort gesagt.*
Тут нема́ ні кра́плі води́. *Hier gibt es keinen einzigen Tropfen Wasser.*

④ Verneinte Sätze mit den verneinten Pronomen **ніхто́** *niemand,* **нішо́** *nichts,* **ні́який** *kein,* **ні́чий** *niemandem gehörend* und den Adverbien **ніде́** *nirgends,* **ніку́ди** *nirgendwohin,* **ніко́ли** *niemals, nie* stehen mit den Partikeln **не** oder **нема́(є)**. *Beispiele:*

Я ніко́ли не був у Ки́єві. *Ich war niemals in Kyjiv.*
Там ніко́го нема́є. *Dort ist niemand.*

5.1.5 Zur Struktur der Satzarten

5.1.5.1 Zwei- und eingliedrige Sätze

① Es gibt neben zweigliedrigen Sätzen, die Subjekt und Prädikat enthalten, auch eingliedrige, die nur Prädikat oder Subjekt enthalten.

② Alle zweigliedrigen Sätze sind persönliche, ebenso wie diejenigen eingliedrigen, deren verbales Prädikat durch seine Form auf ein Subjekt hinweist. *Beispiele:*

Всі смія́лись. *Alle haben gelacht.*
Студе́нти чита́ли текст. *Die Studenten lasen den Text.*
Захо́дьте до нас! *Kommen Sie zu uns!*
Ура́нці йду́ працюва́ти. *Morgens gehe ich zur Arbeit.*

5.1.5.2 Unpersönliche Sätze

Als unpersönlich (impersonal) bezeichnet man subjektlose Sätze, deren Prädikat eine Handlung oder einen Zustand durch ein unpersönlich gebrauchtes Verb, ein Verb im Infinitiv, **ні**, **не було́**, **не бу́де** oder ein prädikatives Adverb ausgedrückt. Im Deutschen entspricht diesem Typen eine Konstruktion mit *es* oder *man. Beispiele:*

Світа́є. *Es tagt. Es dämmert.*
Їй тре́ба бага́то спа́ти. *Sie muss viel schlafen.*
Учо́ра було́ теплі́ше. *Gestern war es wärmer.*
У ме́не за́втра не бу́де ча́су. *Ich werde morgen keine Zeit haben.*
Тут не па́лять. *Hier wird nicht geraucht.*

5.1.5.3 Nominative Sätze (Nominalsätze)

Als nominative Sätze bezeichnet man prädikativlose Sätze, die nur ein Subjekt enthalten. In den Nominativsätzen wird die Existenz einer Erscheinung, von Gegenständen, das Vorhandensein von etwas durch den Nominativ eines Substantivs oder eines Personalpronomens ausgedrückt. In der Regel werden Nominativsätze bei Beschreibungen verwendet. Einige davon haben die Partikeln **от** und **он.** *Beispiele:*

Мо́ре. Мі́сяць на не́бі. *Es ist ein Meer. Der Mond ist am Himmel.*
От ліс. Он рі́чка. *Da ist der Wald. Dort ist der Fluss.*

5.2 Der zusammengesetzte Satz

Ein zusammengesetzter Satz besteht aus zwei oder mehreren einfachen Sätzen und kann als Satzverbindung oder Satzgefüge auftreten. *Beispiele:*

Satzverbindung: Світить сóнце, та йдé дощ. *Die Sonne scheint und es regnet.*

Satzgefüge: Відчувáлось, що наближáлась веснá. *Man spürte, dass der Frühling naht.*

5.2.1 Die Satzverbindung

① In einer Satzverbindung sind einfache Sätze einander nebengeordnet.

② Einfache Sätze lassen sich zu Satzverbindungen ohne Konjunktionen oder durch die Konjunktionen **і, та** *und*, **а** *aber, und*, **алé** *aber* usw. verbinden. *Beispiele:*

Я читáв, він писáв статтю́. *Ich las, er schrieb einen Artikel.*

Нéбо проясни́лось, і знов ви́глянуло сóнце.
Der Himmel klärte sich auf und die Sonne blickte wieder hervor.

5.2.2 Die Konjunktionen in der Satzverbindung

Nach ihrer Bedeutung unterscheidet man:

① **Kompulative** (anreihende) Konjunktionen **і (й), та** *und*

Die Konjunktionen **і, й, та** werden parallel gebraucht. Sie sind stets unbetont. *Beispiele:*

Сóнце світить, та вéсело щебéчуть пташки́.
Die Sonne scheint und die Vöglein zwitschern fröhlich.

Наближáлось лíто, й ми почали́ готувáтись до переї́зду на дáчу.
Der Sommer kam näher und wir begannen uns auf die Übersiedlung zur Datscha vorzubereiten.

② **Adversative** (entgegensetzende) Konjunktionen: **а** *und, sondern,* **алé** *aber*

a) Die Konjunktion **а** verbindet Sätze, deren Inhalt einander gegenübergestellt oder miteinander verglichen wird. *Beispiele:*

Він мáйстер, **а** я тíльки йогó ýчень. *Er ist der Meister und ich bin nur sein Schüler.*
Сестрá працю́є, **а** брат вчи́ться. *Die Schwester arbeitet und der Bruder studiert.*

b) Die Konjunktion **але́** verbindet Sätze, von denen der zweite das Gegenteil von dem enthält, was erwartet wird. *Beispiele:*

Сьогóдні тéпло, **але́** йдé дощ. *Heute ist es warm, aber es regnet.*

Я розумíю, **але́** не говорю́ по-украї́нському.
Ich verstehe Ukrainisch, kann es aber nicht sprechen.

③ **Desjunktive** (ausschließende) Konjunktionen: **то – то**, **чи – чи** *entweder ... oder* usw.

a) **то – то** verbindet Sätze, deren Handlungen einander ablösen. *Beispiel:*

То я до ньóго захóдив, то він відвíдував мене́ вечорáми.
Manchmal kam ich zu ihm, manchmal besuchte er mich abends.

b) **чи – чи** steht, wenn eine Aussage die andere ausschließt. *Beispiel:*

Чи вонá йогó не дочекáлась, чи він забу́в її́ з рокáми.
Entweder hat sie nicht auf ihn gewartet oder er hat sie mit den Jahren vergessen.

5.2.3 Das Satzgefüge. Echte und unechte Konjuktionen

① Ein Satzgefüge besteht aus einem Hauptsatz (Hauptteil) und einem oder mehreren Nebensätzen (Nebenteile), die dem Hauptsatz untergeordnet sind. *Beispiele:*

Стáлось те, **чогó ніхтó не чекáв.** *Es geschah das, was niemand erwartet hatte.*
(Стáлось те – ist der Hauptsatz. Чогó ніхтó не чекáв – der Nebensatz).

Ми йшли́ тíєю дорóгою, **що велá в пóле.**
Wir gingen jenen Weg, der in das Feld führte.

② Die Nebensätze werden mit dem Hauptsatz durch unterordnende **echte** Konjunktionen und **unechte** Konjunktionen (Wörter, die Satzgliedfunktion haben) verbunden.

③ Zu den untergeordneten (echten) Konjunktionen, gehören vor allem folgende:
що *was, dass;* **щоб** *dass, damit;* **коли́** *wann;* **хоч** *obwohl.*
Sie sind keine Satzglieder, sondern dienen nur zur Verknüpfung des Nebensatzes mit dem Hauptsatz. *Beispiele:*

Хоч сóнце ще пригрівáло, почувáлось набли́ження óсені.
Obwohl die Sonne noch stark wärmte, fühlte man schon das Herannahen des Herbstes.

Сестрá писáла, **що вонá при́йде не пізнíше ніж у сéреду**.
Die Schwester schrieb, dass sie nicht später als am Mittwoch kommen wird.

④ Unechte Konjunktionen sind Relativpronomen **хто** *wer,* **котри́й** *welcher,* **чий** *wessen* und Relativadverbien – **де** *wo,* **куди́** *wohin,* **чий** *wessen … Beispiele:*

Вчóра він закінчи́в кни́жку, **над котрóю працювáв усі остáнні рóки**.
Gestern ist er mit dem Buch fertig geworden, an dem er die ganzen letzten Jahre gearbeitet hat.

Я поі́ду туди́, **де на мéне чекáє мій друг**.
Ich fahre dorthin, wo mein Freund auf mich wartet.

⑤ Das Wort **що** kann in einem Satz eine echte, in einem anderen eine unechte Konjunktion sein. *Beispiele:*

Вонá знáла, **що** йогó турбýє. *Sie wusste, was ihn beunruhigt.*
(Що ist hier eine **unechte** Konjunktion).

Вонá знáла, **що** йогó щось турбýє. *Sie wusste, dass ihn etwas beunruhigt.*
(Що ist hier eine **echte** Konjunktion).

5.2.4 Das Satzgefüge. Die Arten

① Das Satzgefüge mit einem Objektsatz (Erklärungssatz).
Konjunktionen (echte und unechte), die einen Objektsatz bzw. Erklärungssatz einleiten: що *was,* щоб *damit,* як *wie* (echte Konjunktionen) und що *was,* як *wie,* де *wo,* куди́ *wohin,* коли́ *wann* usw. (unechte Konjunktionen). *Beispiele:*

Я вірю, що вернéться теплó. *Ich glaube, dass es noch einmal warm wird.*

Ніќоли не намагáйся вгадáти, яки́х слів від тéбе чекáють.
Niemals versuchst du zu begreifen, welche Worte man von dir erwartet.

Ми не знáли, куди́ ведé ця дорóга. *Wir haben nicht gewusst, wohin dieser Weg führt.*

② Das Satzgefüge mit einem Substantialsatz (Subjektsatz).
Unechte Konjunktionen, die Substantialsätze einleiten: той, хто *derjenige, der* той, що *jemand, der … Beispiel:*

Ціє́ю робóтою мóже керувáти тільки тóй, хто мáє вели́кий дóсвід.
Diese Arbeit kann nur jemand leiten, der große Erfahrung hat.

③ Das Satzgefüge mit einem Attributsatz.
Unechte Konjunktionen, die Attributsätze einleiten: яки́й *der,* котри́й *welcher,* чий *wessen,* що *was,* де *wo,* куди́ *wohin,* звідки *woher,* коли́ *wann* usw. *Beispiele:*

То не любóв, що не бажáє іншому щáстя.
Es ist keine Liebe, wenn man dem anderen kein Glück wünscht.

Ми пішли́ по доро́зі, яка́ (котра́) вела́ до рі́чки.
Wir gingen dem Weg entlang, der zum Fluss führte.

Я ще до́бре пам'ята́ю той ра́нок, коли́ я поки́нув рі́дну осе́лю.
Ich erinnere mich noch gut an den Morgen, an dem ich das Elternhaus verließ.

④ Das Satzgefüge mit einem Adverbialsatz der Zeit, des Ortes, des Grundes. Konjunktionen, die Adverbialsätze einleiten:

der Zeit: коли́ *wann,* як *wie*, до́ки *bis wann*, по́ки *solange,* відто́ді *seit wann* usw.:

Коли ба́тько поверну́вся, то ні дочки́, ні си́на не було́ вдо́ма.
Als der Vater zurückkam, waren weder Tochter noch Sohn zu Hause.

des Ortes: де *wo*, куди́ *wohin*, зві́дки (звідкіля́) *woher*:

Де гра́лись ді́ти, було́ ве́село. *Wo die Kinder spielten, war es lustig.*

des Grundes: бо, тому́ що, че́рез те що, *weil, da, denn,* оскі́льки *da, weil* usw.:

Спа́ти не хоті́лось, бо на душі́ було́ сму́тно.
Ich wollte nicht schlafen, weil mir schwermütig zumute war.

⑤ Das Satzgefüge mit einem Zwecksatz.
Konjunktionen, die Zwecksätze einleiten: щоб *damit, um ... zu*, аби *wenn nur*, для то́го щоб. *Beispiel:*

Ми приї́хали в Украї́ну, щоб познайо́митись з культу́рою, мисте́цтвом.
Wir sind in die Ukraine gekommen, um Kultur und Kunst kennen zu lernen.

⑥ Das Satzgefüge mit einem Folgesatz.
Konjunktion, die einen Folgesatz einleitet: так що *so dass. Beispiel:*

Я зроби́в по́милку на поча́тку життя́, так що тре́ба було́ все́ почина́ти споча́тку.
Ich habe in jungen Jahren einen Fehler begangen, so dass ich mit allem von vorne beginnen musste.

⑦ Das Satzgefüge mit einem Bedingungssatz.
Konjunktionen, die Bedingungssätze einleiten: якщо́, якби́, коли́ б *wenn, falls.*

Якби́ була́ га́рна пого́да, ми поі́хали б за мі́сто.
Wenn das Wetter schön gewesen wäre, wären wir aufs Land gefahren.

⑧ Das Satzgefüge mit einem Einräumungssatz.
Konjunktionen, die Einräumungssätze einleiten: хоч (хоча́) *obwohl,* дарма́ що *wenn auch*, незважа́ючи на те що *trotz allem, trotzdem. Beispiel:*

Хоч світи́ло со́нце, пого́да залиша́лась холо́дна, вітряна́.
Obwohl die Sonne schien, blieb das Wetter kalt und windig.

⑨ Das Satzgefüge mit einem Vergleichssatz.
Konjunktionen, die Vergleichssätze einleiten: як *wie*, мов *als* мóвби, немóв, алé, нeнáче, нiби, нiбито *als ob*, *als wenn*. *Beispiele:*

Нiби в безóдню мóря, пáдають янтáрнi зóрi.
Als ob in das tiefe Meerwasser bernsteinfarbene Sterne fallen würden.

Все стáлось не так, як я передбачáв.
Alles geschah nicht so, wie ich es vermutet hatte.

5.2.5 Zum Gebrauch der Konjunktionen що *was, dass,* щоб *dass, damit* in Erklärungssätzen

① In Nebensätzen mit der Konjunktion **що** wird eine reale Mitteilung wiedergegeben, wobei das Prädikat des Hauptsatzes durch Verben des *Sagens* und *Denkens*, der *Empfindung* und der *sinnlichen Wahrnehmung* ausgedrückt wird:

говорѝти *sprechen*, **сказáти** *sagen*, **дýмати** *denken*, **розумíти** *verstehen*, **заявлŃти** *erklären, melden,* **радíти** *sich freuen*, **знáти** *wissen*, **бáчити** *sehen,* **чýти** *hören,* **почувáти** *fühlen*. *Beispiele:*

Я знáю, *Ich weiß,*
Вiн чув, **що** бýде дощ. *Er hat gehört, dass es regnen wird.*
Вонá сказáла, *Sie hat gesagt,*

② In den durch die Konjunktion **щоб** eingeleiteten Nebensätzen handelt es sich um etwas Erwünschtes, Erforderliches. Das Prädikat des Hauptsatzes wird durch ein Wort mit der Bedeutung des Wunsches, der Bitte, der Forderung oder des Befehls ausdrückt: **хотíти** *wollen*, **бажáти** *wünschen*, **вимагáти** *fordern*, **прохáти**, **просѝти** *bitten*, **трéба** *man muss, man soll*, **необхíдно** *es ist nötig. Beispiele:*

Я **хóчу, щоб** вiн своєчáсно закiнчѝв унiверситéт.
Ich möchte, dass er rechtzeitig sein Studium beenden wird.
Трéба, щоб тут був порŃдок. *Es ist erforderlich, dass hier Ordnung herrscht.*

③ Nach einigen Wörtern (z. B. сказáти *sagen,* написáти *schreiben*, скáзано, напѝсано) kann sowohl **що** als auch **щоб** stehen. Die durch **що** eingeleiteten Sätze drücken die Mitteilung einer Tatsache aus, während durch **щоб** eingeleitete Sätze einen Wunsch oder eine Bitte zum Ausdruck bringen. *Beispiele:*

Сестрá сказáла, що вiн ужé прийшóв.
Die Schwester sagte, dass er schon gekommen ist.
Вонá сказáла, щоб вiн обов'язкóво прийшóв.
Sie sagte, dass er unbedingt kommen soll.

5.2.6 Satzgefüge mit einem Attributsatz

① Ein Attributsatz wird durch die Pronomen **котри́й**, **яки́й** *das, welche*, **чий** *wessen* ... (unechte Konjunktionen) eingeleitet.

② **Котри́й** und **яки́й** stimmen in Genus (Geschlecht) und Numerus (Zahl) mit dem Substantiv überein, auf das sie sich beziehen; der Kasus (Fall), in dem **котри́й** oder **яки́й** steht, hängt vom Verb im Nebensatz ab. *Beispiele:*

День, котри́й обіця́в бу́ти щасли́вим, наближа́вся до кінця́.
Der Tag, der ein glücklicher hätte werden sollen, neigte sich dem Ende zu.

Рома́н, про котри́й я тобі́ говори́в, незаба́ром бу́де екранізо́ваний.
Der Roman, von dem ich dir erzählt habe, wird bald verfilmt werden.

③ **Чий** stimmt nicht mit dem Substantiv des Hauptsatzes, auf das es sich bezieht, überein, sondern mit seinem Bezugswort im Nebensatz, und zwar in Genus (Geschlecht), Numerus (Zahl) und Kasus (Fall). *Beispiele:*

Мені́ пощасти́ло познайо́митись з люди́ною, чиє́ю біогра́фією я захо́плювалась.
Es ist mir geglückt, den Menschen kennen zu lernen, dessen Biographie mich begeisterte.

Сашко́, чию́ кни́жку я прині́с, ще не поверну́вся додо́му.
Saško, dessen Buch ich mitgebracht habe, ist noch nicht nach Hause gekommen.

5.2.7 Zum Gebrauch der Konjunktionen коли́ *wann*, якщо́ *wenn*

① Der Konjunktion **коли́** entsprechen im Deutschen die Konjunktionen *als, während, wann, nachdem. Beispiele:*

Коли́ він вра́нці ви́йшов з до́му, со́нце вже́ припіка́ло.
Als er morgens das Haus verließ, brannte die Sonne bereits.

Коли́ він чита́є нови́й украї́нський текст, то звича́йно зра́зу випи́сує незнайо́мі слова́.
Wenn er einen neuen ukrainischen Text liest, dann schreibt er gewöhnlich gleich alle unbekannten Wörter heraus.

② Der Konjunktion **якщо́** entsprechen im Deutschen die Konjunktionen *wenn, falls. Beispiel:*

Якщó Тарáс приї́де до нас улíтку, ми відпочивáтимемо на мóрі рáзом.
Wenn Taras im Sommer zu uns kommen wird, dann werden wir zusammen am Meer Urlaub machen.

③ Die Konjunktion **коли́** hat im Ukrainischen nicht nur zeitliche, sondern auch konditionale Bedeutung. *Beispiele:*

<u>Коли́ він не подзвóнить</u>, я бýду працювáти дáлі.
<u>Якщó він не подзвóнить</u>, я бýду працювáти дáлі.
Wenn er nicht anrufen wird, dann werde ich weiter arbeiten.

6. Umstände einer Handlung

6.1 Angabe der Zeit

Frage *wann?* коли́?

6.1.1 Adverbien zur Zeitangabe

тепе́р, за́раз	*jetzt*	сього́дні	*heute*
учо́ра	*gestern*	за́втра	*morgen*
позавчо́ра	*vorgestern*	поза́втра	*übermorgen*
за́вжди	*immer*	і́ноді	*manchmal*
ніко́ли	*niemals*	ура́нці	*morgens*
уве́чері	*abends*	уде́нь	*am Tag*
опівдні	*um die Mittagszeit*	уночі́	*nachts*
опівночі	*gegen Mitternacht*	незаба́ром	*bald*

6.1.2 Genitiv des Substantivs ohne Präposition

цього́ (того́) ро́ку *in diesem Jahr*
сі́чня, лю́того *des Januars, des Februars*
ро́ку, мі́сяця, ти́жня *des Jahres, des Monats, der Woche*

6.1.3 Instrumental Plural des Substantivs ohne Präposition

дня́ми *tagelang*
ноча́ми *nächtelang*
понеді́лками *montags*
ти́жнями *wochenlang*
місяця́ми *monatelang*
рока́ми *jahrelang*

6.1.4 Akkusativ mit Präposition у (в) *in*

a) zur Angabe des Tages:

у понеді́лок, у четве́р *am Montag, am Donnerstag*
у ці дні *an diesen Tagen*

b) zur Angabe der Tageszeit:

у цей ве́чір *an diesem Abend*
у ніч на вівто́рок *in der Nacht auf Dienstag*

c) zur Angabe eines größeren Zeitraumes:

у роки́ війни́ *in den Kriegsjahren*
у наш час *in unserer Zeit, heutzutage, zur Zeit*
у на́шу епо́ху *in unserer Epoche*

6.1.5 у (в) *in*, на *in, auf* + Lokativ

a) zur Angabe des Monats, der Woche:

у насту́пному мі́сяці *im kommenden Monat*
у ли́пні, у се́рпні *in Juli, in August*
у мину́лому ро́ці *im vorigen Jahr*

b) zur Angabe des Jahres:

у цьо́му ро́ці *in diesem Jahr*
у 2004 (у двохти́сяча четве́ртому ро́ці) *im Jahre 2004*

c) zur Angabe eines Jahrzehntes oder Jahrhunderts:

у 20-их (двадця́тих) рока́х *in den zwanziger Jahren*
у мину́лому столі́тті *im vorigen Jahrhundert*

d) zur Angabe eines Zeitraums stehen folgende Wortgruppen:

– тому́ *vor* | че́рез, за *in* + Akkusativ:

два ро́ки тому́ *vor zwei Jahren*
че́рез мі́сяць, че́рез годи́ну *in einem Monat, in einer Stunde*
за ти́ждень, за рік *in einer Woche, in einem Jahr*

– до *vor* | пі́сля *nach* | під час *während* | з … до *seit … bis* + Genitiv:

до війни́, до університе́ту *(in der Zeit) vor dem Krieg, vor dem Studium*
пі́сля обі́ду, пі́сля ле́кцій *nach dem Mittagessen, nach den Vorlesungen*
під час розмо́ви, перегово́рів *während des Gesprächs, während der Verhandlungen*
зра́нку до ве́чора *von morgens bis abends*

– пе́ред *vor* + Instrumental:

пе́ред сніда́нком, пе́ред робо́тою *vor dem Frühstück, vor der Arbeit*

6.1.6 Angabe des Datums

a) Das Datum wird im Ukrainischen durch die Ordnungszahlwörter in der **neutralen** Form mit dem Namen des Monats im **Genitiv** Singular (auf **-а**, **-я**) gebildet. *Beispiel:*

Яке́ сього́дні число́? *Welches Datum ist heute?*
Сього́дні п'я́те бе́резня. *Heute ist der fünfte März.*
Ausnahme: лю́тий *Februar* – лю́того.

b) Яко́го числа́? Коли́? *Wann?*
Два́дцять тре́тього ли́пня. *Am 23. Juli.*

c) Die Monatsnamen im Nominativ und im Genitiv

Nominativ		Genitiv
січень	*Januar*	січня
лю́тий	*Februar*	лю́того
бе́резень	*März*	бе́резня
квітень	*April*	квітня
тра́вень	*Mai*	тра́вня
че́рвень	*Juni*	че́рвня
ли́пень	*Juli*	ли́пня
се́рпень	*August*	се́рпня
ве́ресень	*September*	ве́ресня
жо́втень	*Oktober*	жо́втня
листопа́д	*November*	листопа́да
гру́день	*Dezember*	гру́дня

d) Die Jahresangabe erfolgt – im Unterschied zum Deutschen – durch eine Ordnungszahl. Diese stimmt mit ihrem Beziehungswort **рік** *Jahr* in Genus (Geschlecht), Numerus (Zahl) und Kasus (Fall) überein. *Beispiele:*

Яки́й рік за́раз? *Welches Jahr?*	Яко́го ро́ку? *Welches Jahr?*	У яко́му ро́ці? (Коли́?) *In welchem Jahr?*
2004-й рік (N.) (двохти́сяча четве́ртий рік) *das Jahr 2004*	2004-ого ро́ку (G.) (двохти́сяча четве́ртого ро́ку) *des Jahres 2004*	у 2004-ому ро́ці (L.) (у двохти́сяча четве́ртому ро́ці) *im Jahre 2004*

6.1.7 Angabe des Alters

Auf die Frage **Скільки ма́єте (ма́єш) ро́ків?** bzw. **Скільки вам (тобі́) ро́ків?** *Wie alt sind Sie (bist du)?* steht das Verb ма́ти *haben* in der 2. Person Singular oder Plural im Präsens, im Futur I (бу́дете, бу́деш ма́ти), im Futur II (ма́тимеш, ма́тимете) und im Präteritum (мав, ма́ла, ма́ло, ма́ли).

a) Zweite Möglichkeit: das Wort, das die Person bezeichnet, steht im Dativ:

я – мені́, ти – тобі́, Петро́ – Петру́ (Петро́ві), Окса́на – Окса́ні

b) Die Zahl der Lebensjahre wird durch den Nominativ der Wortgruppe ausgedrückt:

Я ма́ю три́дцять ро́ків. *Ich bin 30 Jahre alt.*
Мені́ три́дцять ро́ків.

Моя ма́ма незаба́ром ма́тиме (бу́де ма́ти) шістдеся́т ро́ків.
Моїй ма́мі незаба́ром бу́де шістдеся́т ро́ків.
Meine Mama wird bald 60 Jahre alt werden.

6.1.8 Angabe der Uhrzeit

① Zur Angabe der Uhrzeit steht auf die Frage **котра́ годи́на?** *Wie spät ist es?* das Ordnungszahlwort im Nominativ in der femininen Form:

Котра́ годи́на?	Четве́рта годи́на.	Деся́та годи́на.
Wie spät ist es?	*Vier Uhr.*	*Zehn Uhr.*

Auf die Frage **О котрі́й годи́ні? Коли́?** *Um wie viel Uhr? Wann?* steht o + Lokativ:

О котрі́й годи́ні?	О четве́ртій годи́ні.	О деся́тій годи́ні.
Um wie viel Uhr? Wann?	*Um vier Uhr.*	*Um zehn Uhr.*

② In der ersten Stundenhälfte wird die Minutenzahl angegeben, die von der angesprochenen Stunde bereits vergangen ist.
Auf die Frage **Котра́ годи́на?** *Wie spät ist es?* stehen der Nominativ der Ordnungszahl in der femininen Form + хвили́на *Minute* und на + Akkusativ:

Котра́ годи́на?	Де́сять хвили́н на шо́сту.	Три хвили́ни на дру́гу.
Wie spät ist es?	*Zehn Minuten nach fünf.*	*Drei Minuten nach eins.*

Auf die Frage О котрі́й годи́ні? коли́? *Um wie viel Uhr? Wann?* steht у + Akkusativ:

О котрі́й годи́ні?	У де́сять хвили́н на шо́сту.	У три хвили́ни на дру́гу.
Um welche Zeit? Wann?	*Um zehn nach fünf.*	*Um drei Minuten nach eins.*

③ In der zweiten Stundenhälfte wird die Minutenzahl angegeben, die zur vollen Stunde noch fehlt.

Auf die Frage **Котрá годи́на?** *Wie spät ist es?* steht за + Akkusativ der Ordnungszahl in der femininen Form + хвили́на *Minute* und der Nominativ der Stundenzahl:

Котрá годи́на?	За дéсять хвили́н шóста.	За три хвили́ни дрýга.
Wie spät ist es?	*Zehn Minuten vor sechs.*	*Drei Minuten vor zwei.*

Auf die Frage **О котрі́й годи́ні? Коли́?** *Um wie viel Uhr? Wann?* steht за + Akkusativ (Minutenzahl) und до + Genitiv (Stundenzahl):

О котрі́й годи́ні?	За дéсять хвили́н до шóстої.	За три хвили́ни до дрýгої.
Um wie viel Uhr? Wann?	*Um zehn Minuten vor sechs.*	*Um drei Minuten vor zwei.*

6.2 Angabe des Ortes

① Auf die Frage **де?** *wo?* **куди́?** *wohin?* stehen

a) Adverbien

тут	*hier*	там	*dort*
всю́ди	*überall*	ніде́	*nirgendwo*
удóма	*zu Hause*	угорі́	*oben*
туди́	*dorthin*	сюди́	*hierher*
правóруч	*rechts*	лівóруч	*links* usw.

b) folgende Wortgruppen: у(в) *in,* на *in, auf* + Lokativ

в університéті *(studieren) an der Universität*
на біологі́чному факультéті *an der biologischen Fakultät*

c) In einigen Fällen sind die Präpositionen **в (у), на** bei Ortsbezeichnungen gleichbedeutend. Ihr Gebrauch hängt vom Substantiv ab. *Beispiele:*

в (у) *in*		**на** *in, auf*	
в Украї́ні	*in der Ukraine*	на Кавкáзі	*im Kaukasus*
в університéті	*an der Uni*	на факультéті	*an der Fakultät*
в інститýті	*am Institut*	на лéкції	*in der Vorlesung*
у шкóлі	*in der Schule*	на вýлиці	*in der Straße*
у теáтрі	*im Theater*	на конферéнції	*auf der Konferenz*
у магази́ні	*im Geschäft*	на зáході	*im Westen*

d)	біля	*bei, an*	біля інститу́ту	*beim Institut*
	навко́ло	*um ... herum*	навко́ло сто́лу	*um den Tisch herum*
	(нав)про́ти	*gegenüber* + G.	навпро́ти буди́нку	*gegenüber dem Haus*
	ко́ло	*neben*	ко́ло шко́ли	*neben der Schule*
	до	*zu, an*	(йти) до рі́чки	*zum Fluß gehen*
	від	*von ...*	(відійти́) від вікна́	*vom Fenster weggehen*
	з, із	*aus*	(ви́йти) зі шко́ли	*aus der Schule*

e)	над	*über, an*	над де́ревом	*über einem Baum*
	під	*unter*	під де́ревом	*unter einem Baum*
	за	*hinter*	за де́ревом	*hinter einem Baum*
	пе́ред	*vor*	пе́ред де́ревом	*vor einem Baum*
	між	*zwischen, unter*	між людьми́	*zwischen den Leuten*

② Auf die Frage **куди́?** *wohin?* stehen folgende Wortgruppen:

у (в)	*in, nach*	(ї́хати) у Ки́їв	*nach Kyjiv fahren*
на	*auf, in* + A.	(йти) на стадіо́н	*ins Stadion gehen*
за	*hinter, an*	(сіда́ти) за стіл	*sich an einen Tisch setzen*
під	*unter*	(покла́сти під)	*unter das Buch legen*
че́рез	*über, durch*	(перейти́) че́рез	*über (die Straße) gehen*
		(диви́тися) че́рез вікно́	*aus dem Fenster sehen*

6.3 Angabe des Grundes

Auf die Frage **чому́?** *warum?* stehen folgende Wortgruppen:

a)	че́рез	*wegen* + A.	че́рез зли́дні	*wegen Armut*
	за	*für*	(люби́ти) за при́язну вда́чу, гáрний харáктер	*wegen des guten Charakters*

b)	завдяки́	*dank* + D.	завдяки́ допомо́ги	*dank der Hilfe*

c)	від	*gegen, von* + G.	від гри́пу, від го́ря	*gegen Grippe*
	з	*wegen, von* + G.	з бо́лю	*wegen Schmerzen*

6.4 Angabe des Zwecks

Auf die Frage **для чóго? навíщо?** *warum?* stehen folgende Wortgruppen:

a)	для	*für* + G.	(купи́ти) для брáта	*für den Bruder kaufen*
	зарáди	*um ... willen*	зарáди свобóди	*um der Freiheit willen*
b)	по	*nach* + A.	(піти́) по хліб	*Brot holen gehen*

6.5 Einige Satzmodelle

6.5.1 Prädikativum трéба *(man muss, man soll ...)* + Infinitiv

Das unpersönliche Prädikativum **трéба** *man muss, man soll* wird mit dem Infinitiv verbunden. *Beispiele:*

Зáраз **трéба** про це **поду́мати**. *Darüber muss man jetzt nachdenken.*
Ці словá **трéба** неодмíнно **записáти**. *Diese Worte muss man unbedingt aufschreiben.*

6.5.2 Die Satzmodelle *Es ist ... Das ist ...*

Die Satzmodelle *Es ist ..., Das ist ...* werden im Ukrainischen einfach durch das Demonstrativpronomen **це** wiedergegeben. Im Präsens wird die Kopula oftmals nicht gebraucht. *Beispiele:*

Це мій колéга. *Das ist mein Kollege.*
Це шкóла, в яку́ я ходи́в. *Das ist die Schule, in die ich ging.*

6.5.3 Die Satzmodelle у мéне є + Nominativ

① Der Genitiv der Personalpronomen mit Präposition **у**:

я *ich* – менé (G.+ A.) aber: **у мéне**
ти *du* – тебé aber: **у тéбе**
він *er* – йогó aber: **у ньóго** ...

Beispiele:

У мéне є брат.	*Ich habe einen Bruder.*
У тéбе є брат.	*Du hast einen Bruder.*
У ньóго є брат.	*Er hat einen Bruder.*
У нéї є брат.	*Sie hat einen Bruder.*
У нас є брат.	*Wir haben einen Bruder.*
У вас є брат.	*Ihr habt einen Bruder.*
У них є брат.	*Sie haben einen Bruder.*

② Die parallelen Satzmodelle: **у мéне є + N**. – **Я мáю + A.**

Musterwörter: харáктер *Charakter* | син *Sohn* | дáча Datscha

У мéне є харáктер, син, дáча	Я мáю харáктер, сúна, дáчу
У тéбе є харáктер, син, дáча	Ти мáєш харáктер, сúна, дáчу
У ньóго є харáктер, син, дáча	Він мáє харáктер, сúна, дáчу
У нéї є харáктер, син, дáча	Вонá мáє харáктер, сúна, дáчу
У ньóго є харáктер, син, дáча	Вонó мáє харáктер, сúна, дáчу
У нас є харáктер, син, дáча	Ми мáємо харáктер, сúна, дáчу
У вас є харáктер, син, дáча	Ви мáєте харáктер, сúна, дáчу
У них є харáктер, син, дáча	Вони мáють харáктер, сúна, дáчу

6.5.4 Die Sprachmodelle любúти *(lieben)* + Infinitiv

Musterwörter: гуля́ти *spazieren gehen* | співáти *singen* | спáти *schlafen*

Я люблю	Ми лю́бимо	
Ти лю́биш	Ви лю́бите	гуля́ти, співáти, спáти
Він лю́бить	Вонú лю́блять	
Вонá лю́бить		

6.5.5 **Die Sprachmodelle** говори́ти II (розмовля́ти I) по-украї́нськ-ому(-и) ***Ukrainisch sprechen***

Я говорю́ (розмовля́ю)	по-німе́цькому(-и)	*Deutsch*
Ти гово́риш (розмовля́єш)	по-англі́йському(-и)	*Englisch*
Він, вона́ гово́рить (розмовля́є)	по-францу́зькому(-и)	*Französisch*
Ми гово́римо (розмовля́ємо)	по-росі́йському(-и)	*Russisch*
Ви гово́рите (розмовля́єте)	по-італі́йському(-и)	*Italienisch*
Воні́ гово́рять (розмовля́ють)	по-япо́нському(-и)	*Japanisch*

Anhang I

Einige Schreibregeln

① Die ukrainischen Wörter werden gewöhnlich so geschrieben, wie sie klingen:

серце, чесний, багатий, жовтий

② Substantive werden in der Regel klein geschrieben:

місто, дівчина, ліс, українець. *Aber:*

a) Personennamen und geographische Eigennamen werden groß geschrieben:

Андрій, Лисенко, Ліна Костенко, Донбас, Відень, Львів, Вінничина

b) Besteht ein Eigenname aus einer Wortgruppe, so werden die in ihr enthaltenen Gattungsnamen (вулиця, море, місто) klein geschrieben.

вулиця Шевченка, Чорне море, майдан Незалежності

③ Die Partikel **пів**- (halb-) wird meist mit dem Substantiv zusammengeschrieben:

півміста, піввідра, півяблука, півлітра.
Ausnahme: Eigennamen: пів-Львова, пів-Австрії, пів-Франції

④ Die Partikeln **будь-**, **-небудь**, **хтозна-**, **казна-**, **-таки**, **-бо**, **-но**, **-от** werden mit einem Bindestrich geschrieben:

будь-що, казна-хто, сказав-таки

⑤ Es treten zwei gleiche Konsonanten nebeneinander auf, wenn ein Teil des Wortes (Präfix, Wurzel, Suffix) auf einen bestimmten Konsonanten endet und der andere Teil mit dem gleichen Konsonanten beginnt:

віддати, беззбройний, наддніпрянський, осінній, імміграція

⑥ Der Buchstabe **н** verdoppelt sich bei Adjektiven in betonten Suffixen **-енн(ий)**, **-анн(ий)**:

широченний, притаманний, нескінченний, блаженний

Bei anderen Adjektiven und Partizipien wird **н** nicht verdoppelt:

даний, зроблений, буквений

⑦ In Fremdwörtern (bei unbelebten Substantiven) werden die Konsonanten in der Regel nicht verdoppelt:

грип, каса, прогрес
Ausnahme: тонна, нетто, брутто, ванна, вілла, мадонна, манна

⑧ Bei fremdsprachigen Namen bleiben die Doppelkonsonanten erhalten:

Шіллер, Бонн, Голландія, Сорбонна

Die Vokale i – и in ukrainischen Wörtern

① Am *Wortanfang* und im Suffix **-інь** steht immer **i**:

Ірина, інколи, Іван, височінь

② Am *Wortende* nach **ж**, **ч**, **ш**, **щ** steht in der Regel **i**:

перекладачі, плащі, дощі

Nur bei Verben (Imperativ) (лежи, пиши), Adverbialpartizipien (говорячи, почавши) und Adverbien wie по-вовчи wird **и** gebraucht.

③ Am *Wortende* nach **г**, **к**, **х** schreibt man **и**:

тільки, пороги, мухи, іграшки, скільки, трошки

Nur bei Adjektiven im N. Pl. steht **i** nach **г**, **к**, **х**:

високі, короткі, вологі

④ Nach den Konsonanten **д**, **т**, **з**, **с**, **ц**, **ж**, **ч**, **ш** schreibt man im Suffix **-ичний и**:

фізичний, симпатичний, статистичний

Nach den anderen Konsonanten **-і (-ічний)**:

комічний, філологічний, механічний

⑤ In der Buchstabenkombinationen **-ри**, **-ли** zwischen zwei Konsonanten steht **и**:

гриміти, тривога
Aber: дрімати, тріщати

Die Vokale і – и in Lehn- und Fremdwörtern

і

① Am *Wortanfang*: імідж, Іберія, інвестор

② Am *Wortende* **-ія**: географія, поезія, Італія, філологія, астрономія

③ Nach Konsonanten vor Vokal:

геніалогія, радіус, тріумф, клієнт, аудієнція, Біаріц, асоціація, діалектика, Віардо, діаспора

④ Nach Konsonanten bei Personennamen und geographischen Bezeichnungen:

Ціцерон, Тіціан, Капрі, Единбург, Міссісіпі, Анрі, Нагасакі, Сочі, Ніл, Сідней, Лісабон

⑤ Am Wortende nach Konsonanten in undeklinierbaren Wörtern:

таксі, мерсі, колібрі, візаві, журі, попурі, парі

⑥ Immer nach **б**, **п**, **в**, **ф**, **м**, **г**, **ґ**, **к**, **х**, **л**, **н** vor einem Konsonanten:

кіно, фінанси, бізнес, академік, хірург, архів, філармонія, графік, гігант, Ґібралтар, пілот, ніша, логічний, республіка, кілограм
Aber: миля, спирт, кинджал

ї

Nach einem Vokal:

прозаїк, наївний, руїна, теїн, Ізмаїл, Каїр

и

① Nach **д**, **т**, **з**, **с**, **ц**, **ж**, **дж**, **ч**, **ш**, **р** vor einem Konsonanten:

тип, директор, цифра, джинси, поезія, фабрика, ширма, диплом, система, стимул, інститут, методика

② In geographischen Bezeichnungen auf **-ида**, **-ика**:

Америка, Африка, Антарктика, Флорида, Мексика, Балтика, Адріатика

③ In geographischen Namen nach **Zischlauten**:

Вашингтон, Чилі, Чикаго, Гемпшир

④ In geographischen Namen mit der Buchstabenkombination **-ри**:

Париж, Великобританія, Мадрид, Рига

⑤ In den Suffixen **-ир**, **-ист**, **-изм** wird **и** geschrieben:

тероризм, марксист, фінансист, шовініст
Aber: спеціаліст, піаніст, плюралізм

⑥ Nach der traditionellen Aussprache mancher geographischer Bezeichnungen:

Бразилія, Китай, Єгипет, Сирія, Аргентина, Сицилія, Тибет, Скандинавія, Сардинія, Бастилія, Палестина

Die Endungen -а (-я) und -у (-ю) im Genitiv Singular

Maskuline Substantive auf Konsonanten, die im Genitiv Singular die Endung -а (-я) aufweisen:

① Personennamen, Eigennamen (Vor- und Familiennamen):

студент – студента, професор – професора, інженер – інженера, Богдан – Богдана, Гнатюк – Гнатюка, Гриць – Гриця

② Tier- und Baumbezeichnungen:

вовк – вовка, ведмідь – ведмедя, кінь – коня, дуб – дуба, ясен – ясена (und ясень – ясеня)

③ Bezeichnungen von Gegenständen:

ніж – ножа, малюнок – малюнка, портфель – портфеля, стіл – стола (und столу)

④ Städtenamen:

Київ – Києва, Париж – Парижа, Відень – Відня, Лондон – Лондона, Львів – Львова, Каїр – Каїра, Багдад – Багдада, Бостон – Бостона

⑤ Andere geographische Namen mit Betonung auf der letzten Silbe:

Дніпро – Дніпра, Донець – Дінця, Орел – Орла

⑥ Substantive, die Maßeinheiten (Länge, Gewicht, Zeit usw.) bezeichnen:

грам – грама, метр – метра, місяць – місяця, тиждень – тижня
Aber: рік – року, вік – віку

⑦ Bezeichnungen der Monate und Wochentage:

понеділок – понеділка, вівторок – вівторка, листопад – листопада

⑧ Währungsbezeichnungen:

долар – долара, фунт – фунта, динар – динара, шилінг – шилінга und auch десяток – десятка, мільйон – мільйона, мільярд – мільярда

⑨ Fremdsprachige Terminologie und ukrainische linguistische Terminologie:

атом – атома , конус – конуса, синус – синуса, трикутник – трикутника, іменник – іменника, відмінок – відмінка, додаток – додатка, прислівник – прислівника.
Aber: вид – виду, рід – роду, синтаксис – синтаксису

⑩ Bezeichnungen von Fahrzeugen:

автомобіль – автомобіля, трактор – трактора

Maskuline Substantive auf Konsonanten, die im Genitiv Singular die Endung -у (-ю) aufweisen:

① Einige Substantive, die Stoffe oder Materialien bezeichnen:

водень – водню, кисень – кисню, бетон – бетону, асфальт – асфальту, борщ – борщу, мед – меду, сир – сиру
Aber: хліб – хліба

② Sammelbezeichnungen:

оркестр – оркестру, ансамбль – ансамблю, каталог – каталогу, сад – саду, парк – парку, хор – хору, текст – тексту, товар – товару

③ Bezeichnungen einiger Pflanzen:

бузок – бузку, барвінок – барвінку, горох – гороху

④ Bezeichnungen von Bauten, Anlagen und Räumen:

завод – заводу, поверх – поверху, зал – залу, вокзал – вокзалу, майдан – майдану, світ – світу, уривок – уривку

Aber: гараж – гаража, млин – млина, міст – моста (und мосту), паркан – паркана (und паркану)

⑤ Bezeichnungen von Institutionen:

університет – університету, інститут – інституту, комітет – комітету, фонд – фонду

⑥ Namen von Naturerscheinungen und Gefühlsbezeichnungen:

дощ – дощу, мороз – морозу, холод – холоду, вітер – вітру, вогонь – вогню, біль – болю, гнів – гніву, страх – страху

⑦ Fremdsprachige Substantive:

аналіз – аналізу, синтез – синтезу, роман – роману, стиль – стилю, сюжет – сюжету

⑧ Bezeichnungen von Spielen und Tänzen:

футбол – футболу, теніс – тенісу, волейбол – волейболу, хокей – хокею, вальс – вальсу, танець – танцю
Aber: гопак – гопака

⑨ Bezeichnungen von Abstrakta:

біг – бігу, грип – грипу, крик – крику, прогрес – прогресу, рух – руху, хист – хисту, світогляд – світогляду, інтерес – інтересу

Anhang II

Linguistische Terminologie
Ukrainisch – Deutsch

Морфологія Morphologie

флексія Flexion
відмінювати konjugieren
дієвідміна Konjugation
відмінювати deklinieren
відміна Deklination
словотворення Wortbildung (Derivation)
похідне слово dereviertes Wort
корінь Wurzel
основа Stamm
афікс Affix
префікс Präfix
суфікс Suffix
закінчення Endung
чергуватися alternieren
чергування Alternation

Частини мови Wortarten

іменник ***Substantiv***
назви істот belebtes S.
назви неживих предметів unbelebtes S.
конкретний konkretes S. (Konkretum)
абстрактний abstraktes S. (Abstractum)
збірний kollektives S. (Kollektivum)

прикметник ***Adjektiv***
якісний qualitatives A. (Qualitäts-)
кількісний quantitatives A. (Quantitäts-)
відносний Beziehungsadjektiv
присвійний possessives A. (Possessiva)

ступені порівняння Steigerungsstufen
позитивний Positiv
вищий Komparativ
найвищий Superlativ

числівник ***Zahlwort (Numerale)***
кількісний Kardinale (Grundzahlwort)
порядковий Ordinale (Ordnungszahlwort)

займенник ***Pronomen***
особовий Personalpronomen
присвійний Possessivpronomen
питальний Interrogativpronomen
відносний Relativpronomen
вказівний Demonstrativpronomen
означальний Determinativpronomen
заперечний Negativpronomen
зворотний Reflexivpronomen

дієслово ***Verb***
особове persönliches V.
безособове unpersönliches V.
перехідне transitives V.
неперехідне intransitives V.
д. недоконаного виду V. des unvollendeten Aspekts
д. доконаного виду V. des vollendeten Aspekts

дієприкметник ***Partizip***
активний aktives P.
пасивний passives P.
д. теперішнього часу P. des Präsens
д. минулого часу P. des Präteritums

дієприслівник ***Adverbialpartizip (Gerundium)***
д. недоконаного виду A. des unvollendeten Aspekts
д. доконаного виду A. des vollendeten Aspekts

прислівник ***Adverb***

прийменник ***Präposition***

сполучник ***Konjunktion***
сурядності koordinierende K.
підрядності subordinierende K.

частка ***Partikel***

вигук ***Interjektion***

Грамат. категорії Gramm. Kategorien

час ***Zeit (Tempus)***
теперешній Präsens
минулий Präteritum
майбутній Futurum

вид ***Aspekt***
доконаний perfektiver (voll.) A.
недоконаний imperfektiver (unvoll.) A.

особа ***Person***
перша erste P.
друга zweite P.
третя dritte P.

число ***Numerus (Zahl)***
однина Singular
множина Plural

рід ***Genus (Geschlecht)***
чоловічий Maskulinum
жіночий Femininum
середній Neutrum

відмінок ***Kasus (Fall)***
називний Nominativ
родовий Genitiv
давальний Dativ
знахідний Akkusativ
орудний Instrumental
місцевий Lokativ
клична форма Vokativ

інфінітив ***Infinitiv***

спосіб дії ***Modus***
дійсний Indikativ
умовний Konditional
наказовий Imperativ

стан ***Genus verbi***
активний (дійсний) Aktiv
пасивний Passiv

Синтаксис Syntax

проста речення ***einfacher Satz***

розповідальне р. Aussagesatz
питальне р. Fragesatz
спонукальне р. Aufforderungssatz
двоскладне р. zweigliedriger Satz
односкладне р. eingliedriger Satz
стверджувальне р. bejahender Satz
заперечне р. verneinter Satz

члени речення Satzglieder

підмет Subjekt
присудок Prädikat
додаток Objekt
означення Attribut
обставини Adverbialbestimmungen

складне речення ***zusammengesetzter Satz***

складносурядне р. ***Satzverbindung***

складнопідрядне р. ***Satzgefüge***
з'ясувальне підр. р. Erklärungssatz
атрибутивне п. р. Attributsatz
субстанціальне п. р. Subjektsatz (Substantialsatz)
п. р. місця Adverbialsatz des Ortes
часове п. р. Adverbialsatz der Zeit
п. р. мети Finalsatz (Zwecksatz)
причинове п. р. Adverbialsatz des Grundes
умовне п. р. Konditionalsatz (Bedingungss.)
наслідкове п. р. Konsekutivsatz (Folgesatz)
допустове п. р. Einräumungssatz
порівняльне п. р. Vergleichssatz

Vera Kolbina | Svitlana Sotnykova

Ukrainisch für Anfänger

2020
X, 250 S. und eine mp3-CD
mit 124 Sprachaufnahmen
Kartoniert, Fadenheftung
ISBN 978-3-87548-990-3

Zielgruppe: Anfängerinnen und Anfänger ohne Vorkenntnisse. Alle, die sich für die Ukraine und deren Kultur interessieren und die ukrainische Sprache lernen wollen; Studierende der Slawistik; Autodidaktinnen und Autodidakten, die Ukrainisch für Reisen benötigen.

Lernziele: Mündliche und schriftliche Ausdrucksfähigkeit in Alltagssituationen auf den Niveaustufen A1–A2 des Europäischen Referenzrahmens.

Konzeption: In der Einführung wird das Lesen und Schreiben auf Ukrainisch gelernt. Die 18 Lektionen des Grundkurses befassen sich mit der ukrainischen Grammatik, die anhand der zweisprachigen zur Kommunikation anregenden Texte peu à peu eingeführt, in Tabellen und Beispielsätzen veranschaulicht und auf Deutsch erklärt wird. Dabei werden einige Regeln - als Teil des selbstentdeckenden Lernens - von den Lernenden formuliert. Jede Lektion schließt mit einer Vielzahl abwechslungsreicher praxisnaher Übungen zur unmittelbaren Anwendung des gelernten Stoffes.

Die themenbezogenen landeskundlichen Kommentare machen mit Sitten und Bräuchen der Ukraine vertraut und übermitteln nützliche Tipps für Besucher des Landes.

Der Anhang enthält einen Lösungsschlüssel zu allen Übungen, ein ukrainisch-deutsches Vokabelverzeichnis, eine Grammatikübersicht, eine Liste der unregelmäßigen Verben und eine Liste der Verben mit Aspekt und Rektion sowie Beispielsätzen. Sprachaufnahmen unterstützen das Selbststudium.

BUSKE